Gedanken sind wie Kinder, sie springen gern umher und inszenieren mit ihrer Körperlichkeit dynamisches Lebensglück. Wer könnte sie aufhalten? In diesem Buch sind deshalb einige wertvolle Beobachtungen festgehalten.

Der Psychologe und Psychotherapeut Gregor Winkler entdeckt: je älter man wird, je mehr Geschmack findet man am Leben. Warum? Ganz einfach: das Leben ist ein Übungs-Gewinn und darin eine Kunstform, deren Ausgestaltung sich über viele Jahre hinweg verfeinern und versüßen lässt. Aber ein alter Körper? Ach wo, unter körperlichen Einschränkungen leidet doch mehr die Jugend, die nach Übertreibungen heischt statt nach passender Formatierung und gelungener Präsenz in guter Launenhaftigkeit.

Gregor Winkler

Gedankensprünge –

dir zugewandt

Impressum

Bibliografische Information der Deutschen Nationalbibliothek: Die Deutsche Nationalbibliothek verzeichnet diese Publikation in der Deutschen Nationalbibliografie; detaillierte bibliografische Daten sind im Internet über http://dnb.dnb.de abrufbar.

Verlag: BoD · Books on Demand GmbH, In de Tarpen 42, 22848 Norderstedt
Druck: Libri Plureos GmbH, Friedensallee 273, 22763 Hamburg

ISBN: 978-3-7693-0894-5

Inhalt

Worum geht es?
Um Prunk-Sprünge des zuvorkommenden Lebens
Ausgeführt von zueinander ehrerbietenden Menschen.

Winter 2024

Der Öffentlichkeit anheimgestellt – mein Körper

Jeder kann ihn sehen aus nur allen denkbaren Perspektiven und Interessen heraus, so ganz nebenbei oder auch taxierend.

Ich werde es zulassen – müssen. Jeder Körper ist ein Exponat. Selbst wenn ich mich, mein Leib, berühren möchte, geschieht es von Außen. Körper gibt es nicht als geschlossene Masse, sondern nur als Öffnung, und als Öffnung nimmt er jede Art von Begrüßung vorweg. Ein Blick wird begrüßt in der Erwiderung oder im Wegblicken, ein Happen wird begrüßt, indem er vom Mund aufgenommen oder abgewiesen wird. Seitlebens steht mein Körper unter Spannung, gespannt darauf, was als nächstes kommt. Ich lebe in einem Hauptbahnhof, mein Körper ist eine Durchgangsstation für alles, was sich bewegt und somit auch mich. Hier ist alles Seiende in einem Näher-Kommen, in einem Ankommen, in einem Bezug, einer Adresse, und deren Gesamtheit gleicht einem Gottesdienst

Wer dies nicht zuzulassen vermag, bekommt es mit seiner Beschämung zu tun. Diese ist schwer zu handhaben so als wollte man sich öffnend verschließen, bitte seht nicht hin, wie ich mich verschließe, und um genauer zu sein, ich mach es ja nicht, um etwas zu verbergen, im Gegenteil, um euch vor etwas Unangenehmen zu bewahren. Das ist wie gegenseitige Rücksichtnahme, eine klassische Form von Anstand. Leider nicht, denn der Anstand vermag das Unanständige tatsächlich weghalten. Die Beschämung aber verschlimmert nur alles, addiert sich zur Peinlichkeit einfach noch hinzu, wirkt Doppel peinlich. So muss die Beschämung zusätzlich auch noch um Verzeihung bitten, und dies auch noch wortlos mit einem hilflos verlorenen Lächeln, auf das nicht zurück gelächelt werden sollte, denn das würde die Beschämung auf die Spitze treiben, und es bliebe nur noch die Flucht, und der Wunsch, niemals mehr unter genau diese Augen treten zu müssen. Dem Zufall aber, seiner Kontingenz, Einhalt gebieten zu wollen, bedenke es wohl! – wäre der Beginn von Böse-Sein, die Absolutsetzung von etwas Notwendigem. Was für eine bittere Konsequenz wegen eines kleinen Scham-Affekts. Schon allein darum halte ich das Sich-Zeigen-Können meines Körpers untrennbar verbunden mit meinem eigenen Gut-Sein-Wollen. Meine Präsenz ist, dass sich mein Körper präsentiert. Während einer Pilates-Stunde sind tausend Blicke auf ihn gerichtet, unzählige Gesichter bilden sich auf ihm ab und werden Teil meines Inneren, ohne dass ich mir das im Einzelnen bewusst machen kann. Ich nehme es hin und heiße all die Gesichter willkommen, die meine Sinne durcheilen wie die Pflugschar den Acker. Einmaliges wird flüchtig, Wiederkehrendes vertraut. Die Stunde beschließt Sigrid, indem sie etwas rezitiert laut und deutlich, zweimal hintereinander. Und so habe ich es mir gemerkt:

> Bei einer Geburt lächeln alle, und nur das Kind weint. Lebe so, dass bei deinem Sterben alle weinen, du aber lächelst.

Das Böse – zurückgewiesene Kontingenz

> Die Aufschließung der Vernunft ist der Effekt oder auch der Rest des dekonstruierten Christentums, der von sich selbst zurückgezogenen Religion, die die Taue ihrer Observanzen und Gläubigkeiten gelöst hat. Die Vernunft hat sich des Willens entledigt zu begründen. Das Unerklärliche und das nicht zu Rechtfertigende bestimmen das Zusammenleben, insofern besteht das Böse immer auf die eine oder andere Weise in einer Zurückweisung der Kontingenz. Das Böse will eine Notwendigkeit einführen. **Jean-Luc Nancy, Die Anbetung 2010**

Vorsicht, der Text ist eine Bombe. Seine Sprengkraft reicht bis in die Alltagskommunikation hinein. Er birgt in sich die Absage an alle Ideologien und Fundamentalismen. Er entkleidet das Individuum all seiner Begründungen und Rechtfertigungen. Nackt steht der Mensch da, so ganz zufällig auf der Welt mit nur einer Option, Kommunikation als ein Sich-in-Berührung-Bringen, ein Sich-aufeinander-Beziehen und so miteinander verbunden sein.

Denn *die Aufschließung der Vernunft* verheißt ihre Befreiung von falschen und damit lebensfeindlichen Begründungszwängen. Diese allerdings haben schon die biblische Schöpfungsgeschichte verargt:

> *Wo bist du? Ich habe dich im Garten kommen hören; da bekam ich Angst, weil ich nackt bin, und habe mich versteckt. Wer hat dir gesagt, dass du nackt bist? Hast du von dem Baum gegessen, von dem zu essen ich dir verboten habe? Die Frau, die du mir beigesellt hast, hat mir vom Baum gegeben, und so habe ich gegessen. (Genesis 3,9-11)*

Dies ist in der Bibel das erste Gespräch; es ist ein von Gott, der gegen den kühlen Westwind einherschreitet, erzwungenes; es ist ein böses, inquisitorisches Gespräch, das den Menschen in die nackte Beschämung treibt, und zurecht spricht Adam von der in ihm aufsteigenden Angst. Aber weder seine Angst, noch seine ehrlich-offene Auskunft können Gott bewegen. Er bleibt fixiert auf die zuvor von ihm ausgehegte Kausalität: Davon dürft ihr nicht essen. Es ist die gleiche absolut gesetzte Willkür, die im darauffolgenden Kapitel Kain zur Zornesröte treibt, weil Gott Abels Opfergabe annimmt, seine aber verschmäht. Gott treibt ein übles Spiel, er weist die Kontingenz, das freie Spiel des Zufalls, zurück, observiert den Menschen und zwingt ihm eine Gläubigkeit auf, die nichts mit der lebensnotwendigen Unterscheidung zu tun hat, was auf Erden gut für mich, was schädlich?

Gottes infame Kommunikations-Spiel hat leider bis zum heutigen Tag Schule gemacht, treibt sein Unwesen in vielen untereinander geführten Gesprächen, erst recht, wenn ein hierarchisches Gefälle besteht, so wie zu Kindern, deren Unschuld ja gerade darin besteht, dass sie sich wie Adam und Eva noch ganz entspannt von der Kontingenz des Lebens ver-leiten lassen. Für ein Kind gibt es zu jeder Zeit tausende von spontanen Einfällen, sich die Zeit zu vertreiben und so das Leben zu schaukeln:

> Warum ist die Banane krumm und nicht der Tisch? oder wird der krumm, indem ich mich auf meinem Stuhl völlig verbiege? was für Worte kullern da einfach aus meinem Mund? und warum will die keiner hören außer mein kleiner Bruder? der jetzt zu Sputzen anfängt und mit seinem Gesabber sich die kleinen Finger einreibt so wie Mama am Abend es mit ihrer Handcreme macht, machen darf! Da lässt der Schalk im Nacken mich laut aufschreien,

‹*SCHON WIEDER!*› denn das ruft sie - die Erwachsenen - auf den Plan. Die Notwendigkeit zu erzieherischen Intervention schreit zum Himmel, oder zumindest zur Wohnzimmerdecke:

A: Schrei doch nicht so laut!

B: Was machst du mit deinem kleinen Bruder? Haben wir nicht darüber gesprochen, dass Hänseleien tabu sind? Du kannst ihn einfach nicht in Ruhe lassen, das ist unerträglich.

C zum Kleinen: Du hast dir ja deine Finger ganz voll gekleckert; ih! geh schnell deine Hände waschen!

A: Hör, was deine Mama zu dir sagt, los, los!

B: Der hat sich doch nur von seiner großen Schwester verleiten lassen. Es sind doch immer die Älteren, die zum Unfug anstiften.

D: Das sagt der Richtige, gerade du, der den eigenen Kindern nie Grenzen setzt, stattdessen losbrüllst, wenn sowieso alles zu spät ist.

A: Könnt ihr diese Diskussion nicht zuhause austragen.

D: Wir haben im Gegensatz zu euch nichts zu verbergen.

B: Wie lächerlich klingt das jetzt.

A: Schau doch, jetzt ist es der Kleine, der mit Sticheln anfängt. Arme Emilia, dich nimmt niemand in Schutz.

Die Kinder schleichen sich davon, woanders ist es lustiger: *das Unerklärliche und das nicht zu Rechtfertigende bestimmen das Zusammenleben.*

Auch Adam und Eva haben sich damals davongeschlichen; Zeiten später kam es dann zu dieser Begegnung:

Adam: Manchmal fühle ich mich grundlos schlecht; und ich kann dann gar nicht anders, als Eva böse anzuschauen, an ihr herumzumeckern, wegen irgendetwas, völlig Unnötigem.

Therapeut: Das klingt, als würde irgendein Schuldgefühl auf Ihnen lasten, welches Sie abzuschütteln versuchen.

Adam: Ja, irgendetwas treibt mich um, macht mich wehrlos als stünde ich nackt da, und alle anderen zeigen auf mich, als hätte ich was Schlimmes an mir.

Therapeut: Wie war das in Ihrer Kindheit?

Adam: Da gab es Verbote ohne Ende. Du hast es schon an der Art gemerkt, wie Vater ins Zimmer hereinmarschiert kam, dass es jetzt gleich Unheil hagelt.

Therapeut: Und wie haben Sie darauf reagiert?

Adam: Wie man es als kleines Kind eben macht; ich habe mich versteckt. Aber das hat den Alten erst recht auf die Palme gebracht. Ich wurde zur Rede gestellt; Worte, Worte wie tausend Scheinwerfer auf mich gerichtet, grell und unbarmherzig.

Therapeut: Stellen wir uns vor, Ihre Frau säße hier und hätte Ihnen zugehört, was würde sie jetzt sagen?

Adam: „Jetzt bin ich die Gefickte."

Therapeut: Upps, so derb, und doch so klar. Nur, wer könnte diese Unheilskette beenden?

Adam: Eva und ich, allein wir beide, oder?

Therapeut: Ja, vorausgesetzt ihr habt gelernt, wie eure Kinder zu plappern.

Wollen wir damit der Kontingenz die Narrenkappe aufsetzen, Kindern die Zügel übergeben und uns die Unschuld zurück? Fragen wir bei Niklas Luhmann nach:

> Unter Kontingenz wollen wir verstehen, dass die angezeigten Möglichkeiten weiteren Erlebens auch anders ausfallen können, als erwartet wurde: dass die Anzeige mithin täuschen kann, indem sie auf etwas verweist, das nicht ist oder wider Erwarten nicht erreichbar ist oder, wenn man die notwendigen Vorkehrungen für aktuelles Erleben getroffen hat (zum Beispiel hingegangen ist), nicht mehr da ist. Kontingenz heißt praktisch Enttäuschungsgefahr und Notwendigkeit des Sicheinlassens auf Risiken. (Rechtssoziologie, 1987, S. 31)

Wenn Kontingenz die Negation von Notwendigkeit und Unmöglichkeit ist, dann ist die Welt mehr als das, was wir von ihr wissen. Und dann ist die Ahnungslosigkeit der Kinder ein heuristischer Gewinn: es gibt noch viel zu entdecken, vielleicht Totbringendes, vielleicht Unmoralisches!? Die hohe kindliche Unwissenheit braucht weniger die (oft sehr beschränkte) Klugheit der Erwachsenen, als vielmehr die Öffnung einer Außenperspektive; für Luhmann die Position eines Beobachters zweiter Ordnung wie im obigen Gespräch die fiktiv hinzugedachte Teilnehmerin Eva. Diese zweite Ordnung klärt weniger, was Sache ist, als vielmehr wie etwas zustande kommt, wie etwas (scheinbar) real werden konnte. So wird die natürliche Neugierde der Kinder geweckt statt ihnen mit (Pseudo-)

Wissen die Laune vermiest. Ein Kind schaukelt gern mit seinem Stuhl solange, bis es seinen Hinterkopf fragt, wie er sich wohl anfühlen wird, nachdem er auf den harten Fußboden aufschlug. Im Sinne der Kontingenz ist das Aufschlagen des Hinterkopfs auf den Fußboden zwar möglich, aber eher in seiner Vermeidbarkeit gewünscht.

Ich sehe Kindernicken und einen Jahwe-Gott, der sich nur allmählich von seiner idealistischen Vorstellung über den Menschen loslöst:

> *Da reute es Jahwe, auf der Erde den Menschen gemacht zu haben, und es tat seinem Herzen weh. (Genesis 6,6)*

daraufhin den Regenbogen als Eselsbrücke zu Hilfe nimmt, um sich von seinem eigenen Böse-Sein-Müssen zu befreien:

> *Steht der Bogen in den Wolken, so werde ich auf ihn sehen und an den ewigen Bund denken zwischen Gott und jeglichem lebenden Wesen: Nie wieder soll eine Flut kommen und die Erde verderben. (Genesis 9,16.11b)*

Der Beobachter zweiter Ordnung verlässt mit dezentem Beifall die Szene, sieht, wie die letzten Schäden der Sintflut beseitigt werden, und nickt den Aufräumenden, darunter auch fleißige Kinder, freundlich zu. Die Schöpfung hat ihre Kontingenz zurückgewonnen. Und ein weiteres Mal fällt der Blick auf Friedrich Nietzsche, wie er mit kindlicher Frische in sein Arbeitsbuch kritzelt:

> *Wahrlich, ein Segen ist es und kein Lästern, wenn ich lehre: „über allen Dingen steht der Himmel Zufall, der Himmel Unschuld, der Himmel Ungefähr, der Himmel Übermut."* (Also sprach Zarathustra, S. 209)

Am allermeisten aber freuen sich Noahs Tiere beim Verlassen der Arche. Sie waren schon immer Freunde der Kontingenz, haben nie etwas anderes gewollt, nie nach gestern und morgen gefragt, nur angetan von dem, was vor ihnen lag, die wieder gewonnenen Weite, das Grün in allen Farben. –
Dessen bin ich mir sicher.

Maschinenwinter

Mit Maschinenwinter erfand der Mensch sich seine Sommerzeit, frei für Dolce Vita und alles, was dazugehört.

Und das wirklich für alle?

Das ist immer ein Versuch wert. Es ist galiläischer Frühling, Zeit zum Ausprobieren. Jesus läuft am See Genezareth auf und ab, begrüßt alle, bekannte wie unbekannte Gesichter. Mit zweihundert Denaren, so versichert uns der Evangelist Markus, lässt sich genug Brot und Fisch einkaufen, damit bei diesem vergnügten Zusammensein niemand zu hungern braucht (Mk 6,33ff).

Woher aber das Geld?

Jetzt verstehst du ‚Maschinenwinter': diese erwirtschaften es, den Überschuss, der alle satt macht. Denn Maschinen sind die einzigen, die im Winter weder frieren noch ruhen. In ihnen lodert Prometheus' Feuer, und machte Jesu Fischvermehrung erst zu seiner sicheren Sache. Er musste lediglich darauf achten, dass bei der riesigen Menschenmenge, die Bibel spricht von fünftausend Männer, Frauen und Kinder hat er leider nicht mitgezählt, kein Tumult ausbricht, und hieß daher alle, sich in Fünfziger Gruppen niederzulassen.

Es gelang, alle wurden satt!

Das gilt mehr denn je für unsere heutige Zeit, es sei denn, die Reichen hätten ihr Vorbild vergessen, Jesus, sein Teilen für alle, an alle zum Lobpreis, zum alleinigen Lobpreis ausgestattet mit der Macht, unsere Ängste, besonders der Reichen Ängste, zu vertreiben.

Maschinenwinter, das Wort erschuf im Jahre 2008 Dietmar Dath, und wollte wie Jesus dies erreichen:

> *Ich möchte gern, dass, wer dies gelesen hat, sich entschiedener im Recht fühlt beim Fordern, Streiken, Konspirieren, und Untergraben des unvernünftig Gegebenen.*

Ich höre Jesus Christus sagen, Dietmar sprach mir aus dem Herzen.

Dank sei Gott, wer dem unvernünftig Gegebenen widersagt. Denn nichts beschämt Gott mehr, als der Reichen Reichtum Krebsgeschwür.

Jerusalem – Gaza Hin und Zurück

Wer mit Gott kämpft, ist ein Heiliger!, das lehrt uns Jakob im Alten Testament:

> *In derselben Nacht stand er auf, nahm seine beiden Frauen, seine beiden Mägde, sowie seine elf Söhne und durchschritt die Furt des Jabbok. Er nahm seine Familie und ließ sie den Fluss überqueren. Dann schaffte er auch seinen Viehbestand hinüber; er blieb allein zurück. Da rang mit ihm ein Mann, bis die Morgenröte aufstieg. Als der Mann sah, dass er ihm nicht beikommen konnte, schlug er ihn aufs Hüftgelenk. Jakobs Hüftgelenk renkte sich aus, als er mit ihm rang. Der Unbekannte sagte: Lass mich los, denn die Morgenröte ist aufgestiegen! Jakob aber entgegnete: Ich lasse dich nicht los, wenn du mich nicht segnest. Jener fragte, wie ist dein Name. Jakob, antwortete er. Da sprach der Mann: Nicht mehr Jakob wird man dich nennen, sondern Israel (Gottesstreiter), denn mit Gott und Menschen hast du gestritten und hast gewonnen. Nun fragte Jakob: Nenne mir doch deinen Namen! Jener entgegnete: Was fragst du mich nach meinem Namen? Dann segnete er ihn dort. (*
>
> *Genesis 32,23-30*

Doch wer für Gott kämpft, ist ein Verbrecher!, das lehrt uns das Gewissen und die kleine Anekdote am Rande von Golgotha: Jesus heilt das von Petrus im Affekt abgehauene Soldaten-Ohr (Lk 22,49ff)

Ales und Asle – ein Liebespaar?

Und dann spüre ich Ales neben mir im Bett liegen und wir umarmen einander fest und wir wärmen einander und ich darf nicht an Ales denken, nicht jetzt, und dann sage ich, ich bin so müde und jetzt will ich schlafen und sie soll auch gut schlafen und es wird wohl nicht mehr lange dauern, bis wir einander wiedersehen, sage ich und ich merke, wie nah Ales ist, denn obwohl sie schon vor mehreren Jahren verstorben ist, so liegt sie doch neben mir im Bett, und ich sage, ich will und ich kann jetzt nicht mehr mit dir reden, Ales, sage ich, denn sonst vermisse ich dich einfach zu sehr, zu sehr, sage ich und ich umarme Ales und sie umarmt mich und ich sage, nicht mehr lange, und wir sind wieder beieinander, sie und ich, und eigentlich sind wir die ganze Zeit beieinander, jetzt auch, denke ich, aber jetzt will ich schlafen. Jon Fosse, Heptalogie II. S. 466f)

Zu wenige Jahre des Zusammenseins sind einem vergönnt, und was übrigbleibt, ist ein Denken im Rauschen von Vergangenem, des Beginnens von Ewigkeit, eines Lebens im Zeitlosen.

Der Maler Asle malt ein Andreaskreuz; zumindest schließt er sich mit dieser Benennung seinem Nachbarn Asleik an, denn ihm selbst geht es um das Licht der Dunkelheit.

Immer ist es das Dunkle in dem Bild, das am stärksten leuchtet, und ich denke, das liegt vielleicht daran, dass in der Verzweiflung, in der Dunkelheit, Gott am nächsten ist, aber wie das Licht, das ich ja selber male, in das Bild hineinkommt, nein das weiß ich nicht … je näher ich beim Malen an diesem innersten Bild bin, desto besser male ich, und desto mehr Licht ist in dem Bild. … das, was ich zeigen will, hat mit Licht zu tun und mit Dunkelheit, es hat mit leuchtender Dunkelheit zu tun und all ihrer Fülle von Nichts. (S.128,292f)

Andreas ist einer der ersten Apostel. Seine Kreuzigung um das Jahr 60 n.Ch. wurde von Aegeas, seines Zeichens Neros Statthalter in Patras, angeordnet, da er dessen Gattin Maximilia nicht nur das Evangelium, sondern obendrein noch christliche Enthaltsamkeit nahebrachte.

Wir wüssten gerne, wie es Maximilia erging, als sie von Andreas qualvollem Sterben Müssen erfuhr und wie ihr das Weiterleben mit ihrem Mann gelungen sein mag? Müssen wir uns vorstellen, dass auch ihr Denken, ihr lebenslanges Weiter-Denken, *mit leuchtender Dunkelheit und aller ihrer Fülle von Nichts zu tun hatte*? Und wen dürften wir in dieser langen, langen Reihe von Schmerzens-Geschichten vergessen?

Zwei volle Tage soll Andreas noch vom Kreuz herab gepredigt haben. War ein stiller Gedanke dabei, er hätte Aegeas nicht so erzürnen sollen? Für wen wäre ein solch überlieferter Einblick in Andreas Seelenleben hilfreich? Nur für gottlose Spötter? Verdienter Spott für einen Hochmütigen? Und müssen wir den Andreas-Kreuz-malenden Asle auch zu ihnen zählen? Erstmal nicht, denn seine Hinwendung zum christlichen Glauben hat ihn, im Gegensatz zu seinem Namensvetter, von der Alkoholsucht befreit. Dann aber fällt uns auf, wie sehr er an seiner Vergangenheit klebend die Einladung, ja die Avancen, einer ihm aus der Patsche helfenden Frau kühl ablehnt, nur den Hund seines Freundes im Sinn:

> *Und dann muss ich seinen Hund bei dieser Guro abholen, so heißt sie doch, die im Schmalgang wohnt, und sie hat gesagt, in welcher Nummer, und es fällt mir nicht mehr ein, aber es wird mir schon einfallen, denke ich, denn seinen Hund, Brage, ja den darf ich nicht vergessen… (aaO S. 310)*

Der Erzählfaden weckt den Eindruck, als ob Asle die Guro schon von früher kennt. Hätte sie versucht, ihn aus der Alkoholsucht zu holen, wäre sie wohl co-abhängig geworden, so auch die gängige Meinung der Anonymen Alkoholiker. Diese Gemeinschaft setzt deshalb wie Asle auf Gott, denn der wird nicht co-abhängig, sondern kann Dunkelheit zum Leuchten bringen.

Bei all dem bleibt die Dunkelheit des Vergessens unberücksichtigt. Diese nimmt kein Leid weg, sieht es aber als beendet, sobald es zuende ist, basta Amen! Dies ist ein lebenszugewandtes Können. Hingegen dem Leiden, wie auch dem Nicht-Vergessen-Können eine besondere Tiefe zuzusprechen, ist schlichtweg dumm, darüber hinaus lebensfeindlich. Das Drama, und dazu zählt auch jede Religion, bedarf solcher Beigaben; für Zuschauer mag es eine Delikatesse sein, sich erschüttern zu lassen; jedoch komödiantenhaftem Lachen kann es nicht einen Tropfen Wasser reichen. Wer sich seines Lachens gewiss bleibt, bei dem ist selbst das feierlichste Gotteswort höchstens ein Ulk obendrauf.

Dies sei Jon Fosse, Nobelpreisträger 2023, hier mit repräsentativen Textauszügen seiner Heptalogie, zur Belehrung in sein Gebetbuch geschrieben. Ja, zur Belehrung! – für einen, der meint, starke Formulierungen gingen so: *„Ich hasse Bertolt Brechts langweilige Art, die Menschen zu belehren."* (Spiegel Nr. 50, 09.12.2023, S. 117)

Eine erstaunliche Formulierung von einem, der im selben Interview sich als *schüchtern* erklärt.

Frech, und noch frecher, kann mehr. Dafür liebt Friedrich Nietzsche auch den um eine Generation älteren Heinrich Heine aus voller Brust:

> *Den höchsten Begriff von Lyriker hat mir Heinrich Heine gegeben. Er besaß jene göttliche Bosheit, ohne die ich mir das Vollkommene nicht vorzustellen vermag, – ich schätze den Wert von Menschen , von Rassen darnach ab, wie notwendig sie den Gott nicht abgetrennt von Satyr zu verstehen wissen. (Ecce homo, 1888, S. 286)*

Hier für uns, welch eine köstliche Kostprobe:

Himmlisch war's, wenn ich bezwang
Meine sündige Begier,
Aber wenn's mir nicht gelang,
Hatt' ich doch ein groß Plaisir.

Und noch eine weitere Probe aufs Exempel: wer meint, sagen zu müssen, diese beiden hier hätten sich nicht wahrhaft geliebt?

Ein Weib (1840)

Sie hatten sich beide so herzlich lieb,
Spitzbübin war sie, er war ein Dieb.

Wenn er Schelmenstreiche machte,
Sie warf sie aufs Bett und lachte.

Der Tag verging in Freud und Lust,
Des Nachts lag sie an seiner Brust.
Als man ins Gefängnis ihn brachte,
Sie stand am Fenster und lachte.

Er ließ ihr sagen: O komm zu mir.
Ich sehne mich so sehr nach dir,
Ich ruf nach dir, ich schmachte –
Sie schüttelt' das Haupt und lachte.

Um sechse des Morgens ward er gehenkt,
Um sieben ward er ins Grab gesenkt,
Sie aber schon um achte,
Trank roten Wein und lachte.

Oho, oho! sieh da, was für ein scham- und gewissensloses Ding. Die ganze abendländische Moral-Jauche ließe sich über diese lebenslustige Frau ausschütten. –

Sorry, ich hingegen hätte sie gern geheiratet! Und zu ihrer Ehre sei gefragt: Was hätte es für einen Sinn gemacht, ihren Geliebten im Gefängnis zu besuchen? Die Sache war doch gelaufen. Schäbig ist doch nur der Kotau vor der Moral der Moral wegen.

Möchte noch jemand fragen, warum soviel Leid? Dann gebe ich ihm stante pede zur Antwort, soviel kostet die Eintrittskarte ins Leben. Ist dir das zu teuer, so bleib halt draußen. Wer darob beleidigt zynisch kontert, ich wart auf euch, dem ruf ich hinterher bzw. voraus, Alles klar! und zu euch, Nur gut, dass man roten Wein nicht kaltstellen muss, Prost!

Wer es vollendet formuliert haben möchte, braucht nur Heines Gedichte aufschlagen?

> Ich weiß nicht, war Liebe größer als Leid?
> Ich weiß nur, sie waren groß alle beid!
>
> Buch der Lieder

Hauseigene Wertschätzung – mein Commitment!

Wir müssen es predigen und lehren, was von existentieller Wichtigkeit und Goldstandard im Zusammenleben mit Kindern: die Wertschätzung, die ein jeder von uns sich selber offeriert, bereitet güldenen Boden für alles, was kommt an Freud und Leid, an Lust und Schmerz.

Sich meiner eigenen Wertschätzung gewiss sein können, gibt meinem Leben eine Schönheit und Souveränität und eine Ausstrahlung, an der sich ein jeder erfreuen mag.

Jedoch von der Wertschätzung anderer leben zu wollen, macht abhängig, nervös und gibt dir eine Ausstrahlung unablässigen Be-Klagens, ein energetischer Aderlass, der vertraute Personen zur unaufhörlichen Kompensation anhält. Ja, unaufhörlich, denn es ist eben nicht die geschilderte Sozialdynamik, der böse Chef oder Kollege, der die Not hervorruft; – es ist die innere hauseigene Fehlkonstruktion, die sich in jede Realität hineinzuspiegeln weiß und das Wehklagen von neuem anstimmen lässt.

Wie baut man eine hauseigene Wertschätzung auf? Jederzeit, vom Anbeginn meines Lebens bis zum letzten Atemzug. Dafür gibt es nie ein zu spät! und dafür gibt es nie ein zu viel!

Was für eine Freude habe ich heute meinen fünf Patienten bereitet! Ich habe ihnen zugehört, ich habe sie angeschaut, ich habe sie angelächelt und gesagt, dafür wird sich ein Weg finden lassen, unsere Zusammenarbeit wirkt.

Der Dumme nennt das überheblich, narzisstisch aufgeladen egoistisch; der Weise sieht darin ein Lob der Schöpfung, des Zusammenseins und der Kraft des Miteinanders.

Wer hat's erfunden, von sich goldmundig zu reden? Ja, einmal mehr war es Friedrich Nietzsche, der das Loben Gottes herunterbrach auf den, der es anstimmt, der Mensch:

> *Wenn ich mich daran messe, was ich kann, so habe ich mehr als irgendein Sterblicher Anspruch auf das Wort Größe. Ich habe zuerst die Wahrheit entdeckt, dadurch, dass ich zuerst die Lüge als Lüge empfand. Ich bin ein froher Botschafter, wie es keinen vor mir gab. (Ecce homo, S.296 u 364f)*

Nietzsches Selbstgewissheit kommt aus der radikalen Wertschätzung seines eigenen Lebens, und zwar unabhängig von dessen Verlauf! Bitte aufmerksam lesen:

> *Es fehlt jeder krankhafte Zug an mir; ich bin selber in Zeiten schwerer Krankheit nicht krankhaft geworden; umsonst, dass man in meinem Wesen einen Zug von Fanatismus sucht. Das Leben ist mir leicht geworden, am leichtesten, wenn es das Schwerste von mir verlangte. - Ich kenne keine andre Art, mit großen Aufgaben zu verkehren als das Spiel: dies ist, als Anzeichen der Größe, eine wesentliche Voraussetzung. … In einer absurd frühen Zeit mit sieben Jahren wusste ich bereits, dass mich nie ein menschlicher Schimpf erreichen würde. Ich habe heute noch die gleiche Leutseligkeit gegen jedermann, ich bin selbst voller Auszeichnung für die Niedrigsten: in dem allen ist nicht ein Gran von Hochmut, von geheimer Verachtung. Meine Formel für die Größe eines Menschen ist AMOR FATI: dass man nichts anders haben will, vorwärts nicht, rückwärts*

nicht, in alle Ewigkeit nicht. Das Notwendige nicht bloß ertragen, noch weniger verhehlen - aller Idealismus ist Verlogenheit vor dem Notwendigen-, sondern es lieben... (aaO S.296f)

Wer sich in dieser Nachfolge einfindet, den loben wir als einen glücklichen Menschen.

Lust vertreibt Leid

Nichts ist so sehr in unserer kulturellen Tradition verankert, wie die Hochschätzung des Leidens. Leid verbürgt Tiefe und ist Quell ein jeder Religion. Kein Literat sollte ernst genommen, der sein Werk nicht aus tiefer Leidenserfahrung heraus zu schreiben vermag, kein Therapeut sollte aufgesucht werden, der nicht selbst viel Leiden hat durchmachen müssen, bzw. hier schon passender: dürfen.

Doch all dies sind in Wahrheit nutzlose Konstruktionen, deren Demontage wertvolle Lebensfreude freisetzt. Also freudig ans Werk! Wer genau liest, erkennt den fiktionalen Charakter des Leidens bereits in dem bekannten Gedicht von Johann W. Goethe:

> Wer nie sein Brot mit Tränen aß,
> Wer nie die kummervollen Nächte
> Auf seinem Bette weinend saß,
> Der kennt euch nicht, ihr himmlischen Mächte.
>
> Ihr führt ins Leben uns hinein,
> Ihr lasst den Armen schuldig werden,
> Dann überlasst ihr ihn der Pein;
> Denn alle Schuld rächt sich auf Erden.

Erst durch nächtlichen Schmerz mürbe gemacht, kann es dir passieren, dass du deinem eigenen Hirngespinst von vermeintlich dafür zuständigen himmlischen Mächten auf den Leim gehst. Sobald aber das Tageslicht zurückkehrt, solltest du diese Nightmare alsbald wieder abgeschüttelt haben, denn sie kann nur eins: alles, wirklich alles noch viel schlimmer machen. Etwas anderes weiß uns die zweite Strophe nicht zu berichten; heimtückisch ist sie dennoch wegen der direkten Gespenster-Anrede ‚Ihr'. Goethes eigene Schlussfolgerung, dass alle Schuld sich auf Erden rächt, ist wiederum eine weitere dumm-gefährliche Fehlkonstruktion. Denn nichts ist widerlicher, als ein zufälliges Leiden auch noch mit der Schuldfrage zu kontaminieren zu einem unauflösbaren ätzenden Scheiß.

Nichts ist köstlicher, als Heinrich Heines Liebesgedichte zu verschlingen. Aber statt diese Freude aufzugreifen, neigen seine Interpreten nur allzu gern zu biographischen Leidens-Erkundungen; wer sucht, der findet.

Ich für meinen Teil finde in diesem Gedicht nur eines, glückseliger Liebesrausch:

In den Küssen

In den Küssen, welche Lüge!
Welche Wonne in dem Schein!
Ach wie süß ist das Betrügen,
Süßer das Betrogensein!

Liebchen, wie du dich auch wehrest,
Weiß ich doch, was du erlaubst:
Glauben will ich, was du schwörest,
Schwören will ich, was du glaubst.

Glückseliger Liebesrausch, gesteigert durch passende Autosuggestionen, also hier nützliche Konstruktionen, und dennoch verbunden mit einem sensiblen, angstabwehrenden Verantwortungsgefühl (Me too: *was du erlaubst*) – solch geniale Fiktionen sind die Krönung froher Stunden voller Lustbarkeit.

Wollt ihr wirklich lesen, was unsere Oberlehrer, hier eine Klara Obermüller, dazu schreiben? – hier in einem Sammelband von Marcel Reich-Ranicki herausgebracht unter dem Titel ‚Heinrich Heine, Ich habe im Traum geweinet' (2001)

> *Heinrich Heine war keine dreißig, als er diese Verse um 1824 zu Papier brachte. Auf welche seiner frühen unerfüllten Liebeserlebnisse sie sich beziehen, ist ungewiss. ... Wer so wie Heine von der Brüchigkeit menschlicher Beziehungen überzeugt ist, hat nur die Wahl zu leiden oder sich vorzusehen. (aaO S.85)*

Vor solch behämmerter Interpretation, die den Liebreiz der Verse mit Moral-Morast zumüllt, wäre mir schlecht, würde ich mich nicht *vorzusehen* wissen!

Ja, die Lust! von ihr lasst uns singen, solange noch ein wenig Kuckuck in uns ist. Und demgegenüber ist Leiden, Schmerz und Not einfach unerheblich, es sei denn, ich bin in der Lage, einen davon Geplagten herauszuhelfen, ohne dass es mich selbst hineinzieht.

Natura docet: nur der Mensch macht so ein großes Tam-Tam um sein (!) Leiden, alle anderen Lebewesen nehmen es unaufgeregt hin. Mensch, wie peinlich du dich manchmal benimmst!

Noch zum Schluss mal ganz nebenbei gefragt, wer ist erstes Opfer unseres Leiden-Müssen-Wahns? –

Traurige Antwort:
unsere Kinder!

Die Logik dieses Erziehungsmodells:

ohne Kelter keinen Wein – leider, sorry, amen.

Frühjahr 2024

Ausdehnung – das ist Leben

In London, kurz vor seinem Tod, am 22.08.1938 notierte sich Sigmund Freud: »Räumlichkeit mag die Projektion der Ausdehnung des psychischen Apparats sein. Keine andere Ableitung wahrscheinlich. Anstatt Kants a priori Bedingungen unseres psychischen Apparats. Psyche ist ausgedehnt, weiß nichts davon.« (Freud, 1941f, S.152)

Jean-Luc Nancy hat mich auf den Gedanken gebracht, dass seit dem Urknall alles unterschiedslos, ob organisch oder anorganisch, Bewegung ist. Und auch das obige Freud-Zitat nennt als vorrangig für den psychischen Apparat: sich in Ausdehnung zu befinden. Raumwerdend zu sein, beschreibt das Psychische genauso wie das Körperliche. In den Worten Nancys:

Eine Welt ist eine Totalität von emotionierender Ausdehnung und von ausgedehnter Emotion: das heißt eine Expositionstotalität, die man auch »Sinn« nennen könnte. (Jean-Luc Nancy, Ausdehnung der Seele, 2017, S.105)

Das will verstanden werden: wir, und alles um uns herum, sind eine Expositionstotalität, dessen lebensschaffender Zweig Sigmund Freud in seiner Trieblehre ausformulierte, - wie hier gegenüber seinen Studenten:

Die Trieblehre ist sozusagen unsere Mythologie. Die Triebe sind mythische Wesen, großartig in ihrer Unbestimmtheit. Wir können in unserer Arbeit keinen Augenblick von ihnen absehen und sind dabei nie sicher, sie scharf zu sehen. Sie wissen, wie sich das populäre Denken mit den Trieben auseinandersetzt. Man nimmt so viele und so verschiedenartige Triebe an, als man eben braucht, einen Geltungs-, Nachahmungs-, Spiel-, Geselligkeitstrieb und viele dergleichen mehr. Man nimmt sie gleichsam auf, lässt jeden seine besondere Arbeit tun und entlässt sie dann wieder. Uns hat immer die Ahnung gerührt, dass hinter diesen vielen kleinen ausgeliehenen Trieben sich etwas Ernsthaftes und Gewaltiges verbirgt, dem wir uns vorsichtig annähern möchten. Unser erster Schritt war bescheiden genug. Wir sagten uns, man gehe wahrscheinlich nicht irre, wenn man zunächst zwei Haupttriebe, Triebarten oder Triebgruppen unterscheidet, nach den zwei großen Bedürfnissen: Hunger und Liebe.

Freud, Sigmund: "Neue Folge der Vorlesungen zur Einführung in die Psychoanalyse (1933)". In: Studienausgabe, Frankfurt a. M.: Suhrkamp, Bd. I, S. 529

Die Trieblehre ist für Freud eine Mythologie, da sie die der Menschwerdung vorausgehenden Kräfte beschreibt. Dem Menschen können diese erst in dem Maße bewusstwerden, in dem er sich selbst als Subjekt zu erfinden lernt mittels seiner zentralen Trieb-Bedürfnissen nach Selbsterhaltung (Hunger) und Selbsterkenntnis (Liebe).

Was heißt das für unser täglich Leben? Ganz einfach. auf die Beine kommt es an! Siehe die Kinder, wie sie all ihre Kraft daransetzen, ins Laufen zu kommen, und wie sie dann alle psychischen Erfahrungen, die guten wie die schlimmen, in Raumgestaltung umwandeln durch stetes Hin- und Herlaufen. Und jeder ahnt, dass psychische Erkrankung, Neurosen oder Depressionen, nur eine Bedingung brauchen, die »HALT« rufende Erzieher-Stimme. Die Heuchler unter uns nennen dieses Memento den Augenaufschlag der Kultur; doch die Abenteurer unter uns rufen hierzu um so lauter, »Nichts wie weg hier, macht euch alle schleunigst aus dem Staub.«

Ich aber stehe am Fenster und winke meinen Freunden Corinna und Tim ausgelassen hinterher; – wir werden nachfolgen. Unsere Beine sind unsere Emotionsträger. Was die Psyche nur ahnt, ihre Ausdehnung, davon erzählen die Beine so lange sie sich bewegen und selbst dann noch, wenn sie als Gebeine ruhen.

Angst – die unerkannte Gefahr

Kinder, es ist so einfach:

Angst verunsichert, Mut macht stark!

Ausführlicher muss ich nur deswegen werden, weil der Schaden, den Ängste besonders bei Erwachsenen und deren Umfeld anrichten, erschreckend hoch ist und ihre Auswirkung lebenslähmend und heimtückisch.

Heimtückisch, weil Erwachsene all ihre Ängste reflexartig tarnen. Sie verschwinden wie in einem schwarzen Loch und wahrnehmbar bleiben lediglich Sorgen, Ermahnungen, Ablehnung, Desinteresse, Detail-Kritik, Übertreibung, Ausweich-Manöver, Sicherheitsbedenken und der Klassiker, vorgegaukelte Bequemlichkeit.

Im seelischen Innenverhältnis schmeicheln altgedient marode gewordene und nie mehr hinterfragte Ängste mit der Etikette versehen, Sicherheiten zu bieten, vor allem lebensbewahrende Sicherheit. Da kommt nicht Frust, da kommt erstmal Dankbarkeit auf gegenüber diesem vermeintlichen Lebensretter.

Vermeintlich? – sogar noch schlimmer, irreführend, denn selbst das leisten Ängste nicht einmal: dem Angsthasen wenigstens Sicherheit zu offerieren. Denn Ängste bewirken erstmal nur eines, ein hohes körperliches Durcheinander: Zittern, erhöhter Herzschlag, Schweiß, wirre Gedanken, Orientierungslosigkeit, sich am besten Hinsetzen- und Absondern-

Müssen aus diffuser Scham heraus. Stress pur für sich und andere, die völlig irritiert nicht wissen, wie reagieren. Denn selbst die naheliegende Frage, ›Was ist denn los mit dir?‹ verbietet sich irgendwie, und so ist Überspielen oft die einzige Option.

Doch möglicherweise kann die Schadensauflistung zu der ein oder anderen Selbstreflexion anregen:

1. Angst setzt auf Vermeidung, entmündigt so den Körper in seiner Fähigkeit, aus Erfahrung zu lernen, und hinterlässt den paradoxen Effekt, dass Ängstliche ernsthafte Gefahren zu übersehen neigen.
2. Angst setzt das autonome Fitness-Training des Körpers außer Kraft mit der Folge, dass der Körper sich mangels Übung durch ungeschicktes Agieren selbst gefährdet, damit einen Teufelskreis negativer Erfahrungen in Gang setzt, und so zuletzt nur noch ein Lieber-Nicht nahelegt.
3. Angst erzeugt soziale Spannungen, da sie nicht offen angesprochen werden kann, ein unter Erwachsenen gehütetes Tabu.
4. Angst erfindet zu ihrer Rechtfertigung körperliche Defizite und Symptome: *»Mit meinem Knie würdest du auch lieber die Seilbahn nehmen.«* Erfindet? Ja, weil weder Arzt noch Patient das Rätsel lösen kann. Wer war zuerst, Henne oder Ei? – eijeijei!

Angst ist vererbbar, Eltern geben sie unbewusst an ihre Kinder weiter, weiter… unter dem heiligen Schwur, wir wollen uns immer gegenseitig beschützen. Vor was? Vor dem Leben, Psst!

Der zweite Beobachter erscheint

›Ich bin halt so!‹

Das klingt süß und macht einen Menschen echt sympathisch. Man kennt sich, ist eingefriedet in seinen eigenen Seins-Rahmen, in sozial vorhersehbare Muster gleich einer gut eingespielten Schalplatte. Und der Markt schätzt hohen Wiedererkennungswert, – Corporate Identity.

Aber warum soll ich wie eine Coca-Cola-Flasche durchs Leben gehen?

Wenn ich nur dieses eine Leben zu segeln bekam, dann will ich wenigstens unter möglichst unterschiedlichen Flaggen entlang meiner Gezeiten schippern. Ich entdecke die zwei Ebenen meines Log-Buches: was als nächstes passieren, und was als nächstes nicht passieren wird. ›Nichts‹ intoniert die Inception meines Parallel-Universums, unsichtbare Begleitung, zuweilen in Nacht-Träumen aufschimmernd, ein Windhauch, der mich umschmeichelt und lauschen lässt, für einen Wimpernschlag sichtbar an meinem Steuerrad.

Tatsächlich, ich schlüpfe in diese Haut, alles passt, alles ein wenig anders, Klang der Worte, Wahl der Worte, eine etwas selbstfremdige Orchestrierung, ungewohnt. Ich lache auf, die Farben der neuen Flagge sind lilafarben mit Gelb umrandet. Es braucht eine Weile, die Nuancen richtig auszusprechen, auf Verständlichkeit zu achten, das Geliebt-Werden neu einzuüben, die Angst-Reduzierung abzuwarten, dem Aufatmen zu folgen, die Segel auf die Gegenwehr auszurichten wie auf eine

Böe, die mein Schiff mit neuem Schwung versieht, in Saus und Braus voranbringt.

Kinderwinken geben mir Gute Fahrt Voraus. – Hände kennen kein Ende.

»Hoch die Physik! Und höher noch, was uns zu ihr zwingt, - unsere Redlichkeit« (FW 335)

Gottes zehn Gebote und meine zehn Bedenken

Bei den zehn Geboten gibt es je nach Veranstalter unterschiedliche Zählweisen. Der katholischen Kirche war es wichtig, das sechste Gebot assoziativ mit Sex zu verketten für eine treffsichere Orientierung im Beichtspiegel. Denn das fünfte Gebot, das Töten, drängt den Gläubigen weniger oft in den Beichtstuhl, es sei denn, sein zwanghaftes Denken hat ihn schon beim Anblick sterbender Spermien auf der Bettdecke in Gewissenspein stürzen lassen. Das wäre dann fünftes Gebot in Tateinheit mit dem Sechsten.

Abgesehen davon möchte der Dekalog, also die zwei mosaischen Gesetztafeln, jenseits seiner religiösen Provenienz verstanden werden als Kulturgut par excellence, als ein Schibbolet, also eine Art Wasserscheide zwischen einem unzivilisiertem barbarischem Mensch-Sein einerseits und einer auf Recht und Ordnung und Humanität beruhenden Werte-Gesellschaft andrerseits.

Was für eine Heuchelei! Soll ich ernsthaft den Lesern die biblische Erzählung, von der der Begriff ›Schibbolet‹ herrührt, zumuten? Mehr Verhöhnung des fünften Gebots geht nicht. Also, so lesen wir im Buch der Richter, der Anschlusslektüre nach dem mosaischen Pentateuch des Alten Testaments:

Die Männer aus Gilead besetzten die Übergänge über den Jordan nach Efraim, und wenn flüchtende Efraimiter kamen und sagten: Ich möchte über den Fluss, dann fragten die Männer aus Gilead: Bist du ein Efraimiter? Wenn er nein sagte, forderten sie ihn auf: Sag einmal Schibbolet. Wenn er dann Sibolet sagte, dann packten sie ihn und machten ihn auf der Stelle nieder. In diesem Krieg kamen 42.000 Efraimiter um. (Richter 11,5f)

Das sind KGB-Methoden mit klassisch völkischem Hintergrund und in der Durchführung eindeutig rechtsextremistische Gräueltaten. – So gesehen hätte Israel und alle nachfolgenden Bibel-Aneigner sich das 5. Gebot sparen können, denn seine selbstverständliche Missachtung im Dienste einer monströsen Kriegsfrömmigkeit ist eine zivilisatorische Katastrophe. Alles weitere Morden im Dienste Gottes aufzuzählen, würde bis in die Gegenwart reichen. Die einzigen, die der Missachtung des 5. Gebots entgegentraten, waren die Kriegsdienstverweigerer der sechziger Jahre. Doch seit 2022 erscheint vor unseren Augen wiederum ein frommer Gläubiger als Staatsoberhaupt, der nur eines im Namen Gottes will, die Ukraine aus dem westlichen Sündenpfuhl herausführen in die wahre gottesfürchtige Welt christlicher Orthodoxie, repräsentiert durch Kyrill I., Patriarch in Moskau und von Gott eingesetzter Erbe Roms.

Halten wir fest: mit oder ohne Dekalog, der einzelne tut sich einfach schwer damit, einen Mord zu verüben. Falls Kalkül und Emotion ihn dennoch dazu antreiben, dann hilft weniger das dem 5. Gebot gehorchende Gewissen, sondern am ehesten, so belehrt uns die Geschichte der Kriminalistik, die Angst vor Entdeckung und Haftstrafe. Das überwiegende Morden geschieht allerdings durch kriegerische, und da gerne auch göttlich sanktionierte Maßnahmen. Da darf das Töten gerne mal die 42.000 (s.o.) übersteigen, wäre ja auch über die Jahrhunderte des christliche Abendland hinweg betrachtet numerisch gesehen nur ein Klacks.

Ergo: das **5. Gebot** sollte wegen Wirkungslosigkeit aus der Bibel gestrichen werden. Das gilt auch für das **6. Gebot**, denn wie der Einzelne mit seiner Sexualität umgeht, entscheidet allein sein Persönlichkeits-Werden. Dass kirchliche Institutionen aller Religionen da gerne den Zeigefinger bemühen, geschieht aus Machtmissbrauch, nicht aus Seelsorge. Oder ist es gar eine allen Religionen gemeinsame Überlebensstrategie? Denn wann immer Menschen, Frauen wie Männer, ihr sexuelles Begehren allein nur ihrer eigenen Autonomie und Glückseligkeit unterstellen – denn alle Lust will Ewigkeit – was hat dann die Kirche noch zu sagen? Und das **7. , das 9. , das 10. Gebot?** Alle drei Gebote wiederholen sich: es geht um Diebstahl oder dem vorausgehenden Begehren von anderen Sachen, Frauen etc. Also Themen von sozialem Belang wie das **8. Gebot**, Falsch-Zeugnis. Ob deren Einhaltung gelingt, hängt von der Güte und Ausgewogenheit des Gemeinwesens ab. Und da hat Religion auch schon mal einen positiven Beitrag geleistet.

Warum es ein **4. Gebot** – die Eltern ehren – braucht, ist mir nicht ganz klar. Dankbarkeit ist ein natürlicher Wesenszug des Seelischen. Da, wo sie kleiner ausfällt, wird es Gründe haben.

Das **3. Gebot** – den Feiertag heiligen – lädt auch wieder zum Schmunzeln ein. Dass Leben sich über Rhythmik organisiert, ist keine religiöse Erkenntnis, sondern eine biologische Einsicht. Den uneinsichtigen Kapitalisten allerdings wurde allerdings noch nie mit der Exkommunikation gedroht.

Das dicke Ende habe ich mir zum Schluss aufgehoben. Das **1. Und 2. Gebot** sind echte Verbote: keine Fremdgötter, keine Bilder und kein Namensmissbrauch von Gott. Diese zwei, oder in andrer Zählweise drei Gebote sind die klassischen

Merkmale für jeden, der eine Diktatur errichten möchte. Aus dieser Sicht ist das hohe Lied des Monotheismus erst einmal nur eines, das Ende der Vielfalt als Grundvoraussetzung für jede lebendige Demokratie. Ein Großteil des Alten Testaments ist ein großangelegter Versuch, den natürlichen Pluralismus des seelischen Götterschaffens mit allen nur erdenklichen Mitteln auszumerzen; schlussendlich mit dem Patenrezept, die Statistik geschickt zu verzerren, gleichbedeutend damit, die Meinungsfreiheit zu unterdrücken.

Schon im erwähnten Buch der Richter ist diese Logik penetrant durchgesetzt: ging etwas schief für die Israeliten, dann lag es daran, dass sie dem Diktator-Gott zu wenig huldigten; ging etwas gut, eine gewonnene Schlacht, dann war es natürlich dessen starke Hand und alles andere unerheblich.

Exemplarisch sei das Debora-Lied aus dem Buch der Richter genannt entstanden um ca. 1200 vor Christus.

> *Da sagte Debora zu Barak: Auf! Heute hat der Herr den Sisera in deine Gewalt gegeben. Der Herr zieht selbst vor dir her und versetzt ihn und seine Krieger in große Schrecken. Barak verfolgte sie und alle Feinde wurden mit dem Schwert erschlagen; nicht einer blieb übrig. (Ri 4,14-16)*

Ein Kapitel später die andere Variante statistischer Wahrscheinlichkeit:

> *Die Israeliten taten wieder vieles, was dem Herrn missfiel, und er gab sie in die Gewalt der Midianiter, und Midian unterdrückte Israel sieben Jahre lang.(Ri6,1-2)*

Es braucht viel eigene Fantasie, solch eine diktatorische Logik in Luft aufzulösen. Die Fantasie aber im Keim zu ersticken, ist Funktion des **2. Gebots**, sich von Gott kein Bild zu machen.

Denn sobald Bilder im Umlauf sind, bekommt die Wirklichkeit wieder Farbe, wird bunt und variabel; alles kann auch wieder ganz anders sein, und es dürfen sogar wieder Witze gewagt werden über den Großen Diktator; auch sein Name ist dann nur eines: Schall und Rauch im Wandel der Geschichte. Das Schwarz-Weiß-Denken hat ein Ende, die Gewalt mildert sich ab und in der Kinderstube der Menschheit ist wieder Verträglichkeit angesagt, Leben und Leben lassen. Die Weisheit aller guten Pädagogen: wenn Eltern sich nicht (diktatorisch) einmischen, dann kommen Kindern am besten miteinander zurecht.

Ich muss festhalten: die ersten zwei Gebote auf der Tafel Mose, die den reinen Monotheismus begründen, sind überhaupt kein zivilisatorischer Fortschritt, sondern eine Eskalations-Maschinerie für nicht enden-wollende Gewaltausbrüche; die Wiege des Monotheismus, Jerusalem, eine unstillbare Quelle für Rache und Hass.

An dieser Stelle seien all die gewarnt, die jetzt voreilig verkünden, mit dem Neuen Testament sind all diese alttestamentarischen Gewalttaten überwunden, denn ab jetzt wird nur noch von ›Liebe und Papa‹ gepredigt. Aufgepasst! – wenn eine Diktatur nur noch die Liebe lehrt, dann gibt es überhaupt keine Ausflüchte mehr, dann werden ganze Kontinente, wie Südamerika und Afrika, mit dieser Liebe geflutet, - unvorstellbare Verbrechen im Namen eines gekreuzigten Gottes, Sinnbild atomarer Kernspaltung!

Der Monotheismus als ideale Blaupause für jeden Diktator-Aspiranten, - bei dieser Vorstellung braucht es die Logik eines Woody Allens, »Wenn Gott existiert, hoffe ich, er hat eine gute Entschuldigung.« – Mir würde selbst eine Ausrede reichen.

Vertreibung aus dem Liebes-Paradies

Ich kenne nichts, was im Leben mehr beglückend sein könnte als die Liebe zwischen zwei Menschen. Darum die alles berührende Frage, wie kann man diesen Schatz am besten hüten?

Die Antwort lege ich in diese Erzählung: Zwei entdecken die Liebe zueinander, die Kunst des gemeinsamen Glücklichseins, und alles schreit nach überbordender Steigerung. Diese köstliche Maßlosigkeit will zuerst die fünf Kontinente der gemeinsamen Körperwelt lustvoll erobern, danach die der restlichen Welt, – ein wahres Mammut-Projekt angelegt auf Jahrzehnte.

Bei einem so erfüllten Tag-Nacht-Programm mag es eines Tages geschehen, dass der eine dem anderen in glückseliger Stimmung zuflüstert: »Ich habe so Angst, dass dies alles einmal vorbei sein könnte.« Und in diesem Moment droht ein gewaltiger Abgrund sich aufzutun, ganz davon abhängig, was der Angesprochene darauf erwidert.

Nimmt er seinen Gefährten in die Arme und flüstert zurück »Das wird niemals geschehen», dann reißt der Abgrund auf, die Vertreibung aus dem Paradies nimmt ihren unaufhaltsamen Lauf, und ihre Liebe verkümmert Tag um Tag mehr und mehr zu einem bloßen Ritual, das sie einhegt in eine Gemütlichkeit, kaum mehr von Gleichgültigkeit zu unterscheiden.

Antwortet der Geliebte jedoch: »Meine teure Liebe, du brauchst keine Angst zu haben, denn wovon du sprichst ist Teil unserer Gewissheit.«, dann hat er die Liebe gerade dadurch bewahrt, dass er ihr den drohenden Abgrund beließ, – let it be!

Verbundenheit statt Loyalität

Es gehört zu den erstaunlichsten Phänomenen der Psychologie-Geschichte, dass Offenkundiges lange Zeit missinterpretiert wurde aus dem einfachen Grund, Erwachsenen waren über Jahrhunderte hinweg viel zu unwillig, sich in eine Kinderseele hineinzuversetzen.

Sigmund Freud veröffentlichte 1905 die zu seinen Hauptwerken zählende Schrift ‚Drei Abhandlungen zur Sexualtheorie'. Dabei ist bewundernswert, wie feinfühlig er die Empfindungen eines dreijährigen Kindes aufgreift, enttäuschend, wie sehr er die Schlussfolgerungen in sein enges Libido-Konzept presst:

> *Die Aufklärung über die Herkunft der kindlichen Angst verdanke ich einem dreijährigen Knaben, den ich einmal aus einem dunklen Zimmer bitten hörte: »Tante, sprich mit mir; ich fürchte mich, weil es so dunkel ist.« Die Tante rief ihn an: »Was hast du denn davon? Du siehst mich ja nicht.« »Das macht nichts«, antwortete das Kind, »wenn jemand spricht, wird es hell.« - Er fürchtete sich also nicht vor der Dunkelheit, sondern weil er eine geliebte Person vermisste, und konnte versprechen, sich zu beruhigen, sobald er einen Beweis von deren Anwesenheit empfangen hatte.- Dass die neurotische Angst aus der Libido entsteht, ein Umwandlungsprodukt derselben darstellt, sich also etwa so zu ihr verhält wie der Essig zum Wein, ist eines der bedeutsamsten*

Resultate der psychoanalytischen Forschung. (SA Bd.5 S. 128)

Freuds erste Schlussfolgerung, *das Kind fürchtet sich also nicht vor der Dunkelheit, sondern weil es eine geliebte Person vermisst,* zeugt von hoher Einfühlung; im Gegensatz dazu wirkt die darauffolgende Einbettung in sein Triebmodell äußerst hölzern nichtssagend: *»Die Kinder selbst benehmen sich von frühen Jahren an, als sei ihre Anhänglichkeit an ihre Pflegeperson von der Natur der sexuellen Libido.«*

Freuds Ehrgeiz galt der universalen Präsenz der sexuellen Libido, dadurch übersah er die Universalität des Verbundenheits-Schemas. Denn dieses erhellt meine Psyche, selbst wenn alles um mich herum dunkel ist. Insofern generiert nicht die unbefriedigte Libido die Angst (Freuds Wein-zu-Essig-Modell), sondern ein drohender Bindungsverlust.

Drei Jahre später versucht sich Alfred Adler, damals anerkanntes Mitglied der Psychoanalytischen Vereinigung, ebenfalls am Thema *Verbundenheit* mit seiner damals erst zweiten Veröffentlichung, ‚Das Zärtlichkeitsbedürfnis des Kindes:

Ein starkes Zärtlichkeitsbedürfnis des Kindes lässt unter sonst gleichen Umständen ein starkes Triebleben vermuten. - In der Regel - und vernünftigerweise - ist eine Befriedigung des Begehrens nach Zärtlichkeit nicht ganz umsonst zu erlangen. Und so wird das Zärtlichkeitsbedürfnis zum Hebel der Erziehung. Eine Umarmung, ein Kuss, eine freundliche Miene, ein liebevoll tönendes Wort sind nur zu erzielen, wenn sich das Kind dem Erzieher unterwirft, also auf dem Weg über die Kultur. (1908, hier TB 1973 S.63f)

Für Historiker der Psychoanalyse sei vorab erwähnt, dass selbstverständlich Adler in einer späteren Ausgabe seiner eigenen Theorie folgend nicht mehr von *starkem Triebleben, sondern* von starkem *Gemeinschaftsgefühl, aber auch starkem Machtstreben* spricht.

Das, was Eltern und Kind verbindet als Zärtlichkeit zu beschreiben, ist ein wichtiger Fortschritt gegenüber Freud. Dass aber Zärtlichkeit *vernünftigerweise* (!) zum Hebel im Dienste der Kultur eingesetzt gehört, ist ein kultureller Irrglaube, dem Adler auch in seinen weiteren Ausführungen unterliegt:

> *Bleibt dem Kinde der Umweg über die Kultur erspart, erlangt es nur Befriedigung primitiver Art, und diese ohne Verzögerung, so bleiben seine Wünsche stets auf sofortige sinnliche Lust gerichtet. (aaO S.64)*

Die Abhängigkeit aus dem sie stammenden Bürgertum führt dazu, dass beide Analytiker die Lösung mit dem Problem verwechseln: das Zärtlichkeitsbedürfnis des Kindes (und auch des Erwachsenen!) hat einen Wert in sich.

Da waren die Briten schon um einiges freigeistiger, und den in Freuds Nachfolge stehenden Analytikern wie Donald Winnicott (1896-1971) oder John Bowlby (1907-1990) ging es nicht mehr um Theorie-Erhärtung, sondern um Schulung eigener Beobachtung, und diese erzählt vom vielseitigen Spiel in miteinander geteilter Verbundenheit.

> *Psychotherapie geschieht dort, wo zwei Bereiche des Spielens sich überschneiden: der des Patienten und der des Therapeuten. Psychotherapie hat mit zwei Menschen zu tun,*

die miteinander spielen. Hieraus folgt, dass die Arbeit des Therapeuten dort, wo Spiel nicht möglich ist, darauf ausgerichtet ist, den Patienten aus einem Zustand, in dem er nicht spielen kann, in einen Zustand zu bringen, in dem er zu spielen imstande ist. (D. Winnicott, Vom Spiel zur Kreativität,1973, S.49)

Der eigentliche Paukenschlag kam dann von John Bowlbys eindeutig formulierter Einsicht: die sichere Bindung, also ein gutes Verbundenheitsgefühl, ist Voraussetzung für exploratives Handeln. (Bindung 1969, engl. Attachment). Das heißt, das Kind wird von sich aus um so neugieriger und lernbereiter, je mehr es sich gut verbunden erlebt. Adlers Idee, Eltern müssten die Umarmung mit irgendeiner Aufgabe, einer kulturellen Leistung wie Zähneputzen verknüpfen, ist schlichtweg falsch und raubt dem Zusammensein seinen spielerischen Charme.

Traurigerweise neigen auch heute noch Eltern dazu, an das Kind gerichtete Erwartungen mit Loyalität untermauern zu wollen: ›du hast es mir doch versprochen‹, ›wir haben es doch so vereinbart‹, ›du weißt doch, wie schädlich zu viel Zucker ist‹. Und wenn solche Vernunft-Sprüchen keinen Erfolg bringen, dann fangen Eltern an, böse zu werden und bedrohen damit gerade das, was am wertvollsten ist: ein schönes miteinander Verbunden-Sein. Und so baut sich keine Klarheit auf, sondern nur Unheil.

《Ich bin ein Highlight - lasst euch nicht blenden!《

Triebökonomie vs. Gewissensökonomie

Als Sigmund Freud ‚Die drei Abhandlungen zur Sexualtheorie' schrieb, fiel ihm ein schönes Bild ein, um die besonderen Resultate seiner Psychoanalyse zu würdigen.

> *Dass die neurotische Angst aus der Libido entsteht, ein Umwandlungsprodukt derselben darstellt, sich also etwa so zu ihr verhält wie der Essig zum Wein, ist eines der bedeutsamsten Resultate der psychoanalytischen Forschung.*

Wenn das vorherige Kapitel verdeutlichte, dass Verbundenheit Loyalität überflüssig macht, so möchte dieses die Souveränität der Triebökonomie hochhalten, den berauschenden Geschmack des Weines anstelle einer alles in Essig umgärenden Gewissensplage.

Ernste Erziehung statt lockere Beziehung, heftige Vorwürfe statt verschenkende Liebesbekundungen, gerechtfertigte Forderungen statt unverdiente Einladungen, berechnende Kleinlichkeit statt fröhliche Großzügigkeit, lauernder Rückzug statt freigiebiges Engagement, all das sind die Waffen des Ressentiments gegen die Glückseligkeit des Am-Leben-Seins. All das sind die vom Gewissen (Über-Ich) erfundenen Geschütze, um das Leben zu belehren, zu verbessern, Gutes zu bewahren angesichts des überall drohenden Bösen. Es ist die Stunde der Moral, denn nur mit ihrer Kraft und Autorität ist es möglich, aus dem Menschen ein halbwegs anständiges Wesen zu machen, ihn von Sodom und Gomorra fernzuhalten.

All das ist dem unermüdlichen Wirken der Gewissensökonomie zu verdanken, wie sie sich zeigt in langen nächtlichen Streitgesprächen, durch die erhobene Stimme am Bettrand des sich nach Schlaf sehnenden Kindes, im aufgewühlten, Argumente sammelnden und daher nicht Schlafen könnenden Subjekt, dergestalt gegen seine vermeintliche Kränkung ankämpfend, dass nur den Anderen zu schwächen, seinen Hochmut und offensichtlichen Egoismus einzudämmen, Abhilfe verheißt.

Wie tapfer, wie vorbildlich, wie ehrenhaft und wieviel saurer Essig!

Unser großer Dank gebührt Sigmund Freud, seiner Erforschung der transzendental wirkenden Triebkräfte, deren wir uns vergewissern können als Urkraft allen Erlebens und Schaffens, die Kraft eines Begehrens, das den Menschen jenseits seiner selbst trägt. Gerne hätte ich ihm in seiner Vorlesung zugehört:

> *Meine Damen und Herren, die Trieblehre ist sozusagen unsere Mythologie. Die Triebe sind mythische Wesen, großartig in ihrer Unbestimmtheit. Wir können in unserer Arbeit keinen Augenblick von ihnen absehen und sind dabei nie sicher, sie scharf zu sehen. (Neue Folge der Vorlesungen zur Einführung in die Psychoanalyse 1933, SA S. 529)*

Auch der große Kirchenvater Augustinus hat diese Triebkraft in sich gespürt und zu manchem Abenteuer angeregt. Sie war sein unruhiges Herz, von dem er in seiner zweiten Lebenshälfte glaubte, sagen zu müssen, dass es sich nur danach sehne, einmal in Gott Ruhe zu finden, Ruhe vor der ständigen Verführung zur Sünde, – himmlische Ruhe sozusagen. Schade, denn in dem Maße, in dem seine Gottes-Liebe erstarkte, wuchs auch sein Ressentiment gegenüber all denen, die mit sich und ihrer teilungsbereiten Selbstliebe Freude genug hatten. Solch eine Lebensweise war nach Augustinus von satanischer Qualität gerade deshalb, weil sie Gott, den Schöpfer, von dieser Liebe ausschloss. Wie empörend das sein muss, kann jeder echte Vater nachempfinden, der seine Tochter mit irgendeinem dahergelaufenen….

Weiß jemand noch etwas Gewissenloseres? Deswegen sei ihr solange ins Gewissen geredet, bis sie die Lust daran verliere.

Und was passiert, wenn die Triebökonomie sich frei entfalten kann? Hören wir nochmals kurz in Freuds Vorlesung hinein:

> *Man lernt verstehen, dass das Ich immer das Hauptreservoir der Libido ist, von dem libidinöse Besetzungen der Objekte ausgehen und in das dieselben wieder zurückkehren, während der Großteil dieser Libido stetig im Ich verbleibt. Es wird also unausgesetzt Ichlibido in Objektlibido umgewandelt und Objektlibido in Ichlibido. (aaO, S. 536)*

Intelligenter kann man die Autonomie der Liebe nicht formulieren; und wie berührend zu hören, dass die eigene Liebesquelle niemals versiegt, wie sehr dich hinzugeben, du auch bereit sein magst. Und wir beenden die Lektüre Freuds mit einem dionysischen Lächeln: der Einladung zur Liebe folgt immer ein überströmendes Bankett, – voila, Mme. et M.

Die Zusammenarbeit mit einem Therapeuten dient Kraftsteigerung für die Transformation von Schuldgefühlen in Verantwortungsnahme, von Angstgefühlen in Risikobereitschaft, von Schmerz in Informationsgewinn, von aufgestauter Aggression in wilde Unternehmungen, von Kontrollzwang in Freiheitsvertrauen, von Über-Ich zu Trieb-Ich, von totem Leben in lebendigen Tod und von binärer Logik zu Hans-Wurst-Kasperl-Theater, oder wer glaubt hier, das wäre alles nur zum Lachen – recht hätte er, noch mehr sie!

Mit einem Satz: Aufgabe einer Psychotherapie ist, schuldlose oder schuldgepeinigte Patienten zu schuldfähigen, dem Wir zugewandten Menschen zu machen.*

*)

Die der Psychoanalyse zugeneigten Leser erkennen in dieser Formulierung Freuds Kernaussagen zum Ödipuskomplex.

Hey Laura, it's me

Gregory Porter kann Liebe auch in den heikelsten Momenten. Und er ist sofort präsent, läutet noch spät nachts an Lauras Tür. Er will wissen, ob es noch jemand anderen außer ihm gibt? – ohne sie zu bedrängen oder gar mit Vorwürfen zu überhäufen. Er vertraut seinem Gefühl für echte Liebe, die bergauf fließt.

> *That the rivers of your love flow uphill to me*

Dafür lohnt sich, engagiert zu sein. Jeder kann sich mal ‚downhill' gehen lassen, – das kann man einfach hinweglügen, denn es ist nicht einmal die Wahrheit wert: this foul can/will see.

Hey Laura it's me
Sorry but I had to rang your doorbell so late
But there's something bothering me
I really am sorry but it just couldn't wait
Is there someone else instead of me
Go ahead and lie to me and make me believe
You're not in love with him and this fool will see
That the rivers of your love flow uphill to me

Hey Laura it's me
Sorry but I had to ring your doorbell so late
Well there's something bothering me all night long
It just couldn't wait
With a healthy dose of make-believe
Go ahead and lie to me and make me believe
That you're in love with me, this fool will see

That the rivers of your love flow uphill to me
Hey Laura

Hey Laura it's me
Sorry but I had to ring your doorbell so late
Well there's something bothering me
All night long it just couldn't wait
With a healthy dose of make-believe
Go ahead and lie to me and make me believe
That you're in love with me this foul can see
That the rivers of your love flow uphill to me

Wir sind Kompositionen

Seit es das Internet gibt, erlebt jeder auf seine Weise die gewaltige Verdichtung von Wissen auf allen Gebieten, und dessen Verfügbarkeit mit jedem Tastendruck.

Da lohnt es sich, einen Moment lang inne zu halten, um zu erahnen, dass damit auch eine neue Erzählung über meine Person begonnen hat.

Und so lege ich erst einmal die alte, auf Identität und Einmaligkeit ausgerichtete Erzählung ab: Gott hat mich als Individuum (ähnlich wie er selbst) im Jahre 1953 erschaffen und in die Hände meiner Eltern gelegt. Diese sollten mir helfen, ihn als meinen Schöpfer zu erkennen, um mein Leben nach seinen Erwartungen auszurichten. Das wäre dann eine gute Voraussetzung dafür, dass mein irgendwann mal eintreffendes Sterben nicht zu einem Desaster gerät, sondern ein ewiges Leben bei ihm und seinesgleichen ermöglicht, eventuell sogar mit einer neu ausgestatteten Leiblichkeit ähnlich wie die seines vom Tode auferstandenen Sohnes Jesus Christus.

Wenn darüber hinaus auch noch der Versuch unternommen wird, die Spreu vom Weizen zu trennen, wird die weitere Erzählung allerdings bereits sehr inkonsistent. Denn wie soll es Gott in dem dafür anberaumten Jüngsten Gericht einigermaßen plausibel gelingen, meine Sündenschuld angemessen von der aller anderen abzugrenzen? Menschen sind doch unentwirrbar miteinander verbandelt, noch die allerkleinste Erzählung ist eine nach dem Stil ‚Mitgegangen, Mitgehangen'. Wir alle sind im Guten wie im Bösen endlos miteinander verstrickt, selbst wenn Gott es mit seinem kühnsten Algorithmus schaffen könnte, prozentuale Verantwortlichkeiten, Schuld und Sünde herauszuarbeiten, der gordische Knoten einer in sich verknäulten Menschheitsgeschichte wäre noch längst nicht aufgelöst. Die ganze Mischpoke hangelte sich nur eine Ewigkeit lang weiter.

Wenn aber die Mischpoke gar nicht aufgelöst werden kann, dann ist gerade sie die eigentliche Referenz für menschliches Dasein, für soziale Systeme genauso wie für mich als Einzelwesen.

Das ist meine neue Erzählung.

Ich bin in erster Linie vor allem dies: eine Komposition (klingt jetzt besser als der lustige jüdische Ausdruck ‚Mischpoke'). Was zu jedem Zeitpunkt in meinem Leben das Gregorhafte ist, weiß ich nicht einmal annähernd. Denn wenn ich in meine Seele blicke, oder sie zu mir, dann sehe ich das Lächeln meiner Partnerin, den stillen Blick meines Vaters, das Spiel meiner Finger am Notebook, das Schniefen meiner Nase, nehme den Versuch war, mir vorzustellen, was gerade meine zwei Kinder machen, das Spiel soviel weiterer Gedanken, die kommen und gehen, wie vegan wird das Essen heute Abend sein?, für diesen Gedanken muss sich übrigens meine Tochter bei Gott verantworten.

Wie sehr jeder einzelne von uns in der Flut seiner Gedankenwelt ständig mitfließt, dies in endlose Sätze zu kleiden, dafür erhielt letztes Jahr Jan Fosse den Literaturnobelpreis.

Wer bin ich also? – Eine mit der Geburt anklingende Komposition von bereits Millionen anderen Kompositionen vor mir, und ein wenig werde ich im Laufe meines Lebens diese

Kompositionen verändert haben, und diese Veränderungen schwingen mit in den Kompositionen meiner Kinder, meiner Patienten bis hin zu nahe unendlich vielen unregistrierbaren Déjà-vus.

Wir wissen heute, dass der Gen-Pool nicht nur die Phylogenese der Menschheit repräsentiert, sondern die allen Lebens. Solch ein Pool erfüllt auch unsere Psyche, ihre Erzählungen, Fantasien und Träume. Ein ganz klein wenig werde ich einmal auf meine Weise das Menschheits-Gedächtnis bereichert haben mit ein paar ewig weiter überlieferten Gregorianischen Sandkörnern.

Das war's dann an Individualität? – Für den modernen Anspruch, sich als einmaliges Individuum zu verstehen, klingt das erstmal recht dürftig und mickrig. Lesen wir daher, was Niklas Luhmann über den Exclusivitätsanspruch des Einzelnen schreibt:

> *Der Anspruch auf Selbstverwirklichung und Selbstbestimmung ist vorrangig der Tatsache geschuldet, dass man nicht das ist, was man ist. Ohne ein solches Defizit bestünde überhaupt kein Anlass, die eigene Identität zu reflektieren, so wie auch umgekehrt die Reflexion das Defizit als Differenz zwischen dem, was man ist, und dem, was man nicht ist, produziert. Individualität ist Unzufriedenheit. (Gesellschaftsstruktur und Semantik Bd 3, 1989, S. 243)*

Das klingt hart, und ist es auch, wenn wir einen ganz normalen Familien-Alltag in den Blick nehmen: wie hier tagtäglich über Defizite verhandelt wird, und wie schmerzlich sie durchlitten werden von Eltern genauso wie von Kindern. Aber auch unsere ganze Berufswelt verlangt uns Leistungsunzufriedenheit ab. Frau Susanne Nickel, Managementberaterin, schreibt im Handelsblatt über die Generation Z:

> *Was sie wirklich brauchen, ist eine Nach-Beelterung… Ein Unternehmen ist keine Sinn-Einrichtung! Es soll profitabel arbeiten. .. Wirtschaftswunder resultieren aus Arbeitskraft und Handeln, nicht aber aus Budenzauber und Forderungen. (Handelsblatt 17.04.2024)*

Klingt schön, wenn Frau Nickel uns wieder vom Wirtschaftswunder der 50ger Jahre träumen lässt. Aber es ist erschreckend naiv. Deswegen nochmals Niklas Luhmann ernstzunehmende Warnung:

> *In einem Maße wie nie zuvor ändert unser Gesellschaftssystem die Lebensbedingungen auf dem Erdball. Wir können nicht voraussetzen, dass die Gesellschaf weiterhin mit der Umwelt, die sie schafft, leben kann. Ebenso fraglich ist, ob die Gesellschaft die psychischen Mentalitäten, vor allem diejenigen Motive erzeugt, mit denen sie als Gesellschaft existieren kann. (Die Wirtschaft der Gesellschaft 1988, S. 169)*

Das ist systemtheoretische Erkenntnis: Die Autopoiesis bricht zusammen, wenn das seine Umwelt generierende System dysfunktional zu werden droht. Sind es erste Vorboten, wenn große Bevölkerungsschichten der westlichen Welt dadurch den demokratischen Konsens auflösen, dass sie einer kindlichen Irrationalität huldigen, und z.B. in einem Donald Trump einen Heilsbringer sehen?

Halten wir fest: Individualität über einen Soll-Ist-Vergleich zu begründen, nahm seinen Anfang mit den monotheistischen Religionen. Bereits die Kain und Abel Geschichte verdeutlicht, wie schnell aus einer religiösen Erwartung eine wirtschaftliche werden kann. Mag der Jahwe-Gott im Alltags-Bewusstsein der Menschen heute weitgehend verblasst sein, der Kapitalismus-Gott ist es in keiner Weise. Er konfrontiert jedes Individuum mit handfesten Soll-Forderungen und gibt sich nicht mit Budenzauber zufrieden.

Was können da noch meine Kompositionen ausrichten? – Sie leben, sobald der Soll-Ist-Vergleich wieder auf das Notwendigste reduziert wird, ›Habe ich noch genug zu Trinken und Essen?‹ und ›Reicht die Umschließung zur Regulierung meines Wärme-Haushaltes?‹

Aber alles darüber hinaus sind autopoietische Elemente; ein Ausdruck, den N. Luhmann von Maturana und Varela (1982) übernommen hat. Diese bringen Wahlmöglichkeiten hervor. Das Ich steht mitten im variantenreichen Spiel seiner Wünsche. Und was davon durch die reale Faktizität begrenzt wird, kann die malerische und musikalische Kunst um so galanter ins beglückende Erleben bringen, – der Budenzauber entsteht!

Das müssen wir dem Kapitalismus in sein Stammbuch schreiben: Individuen mit dem Soll-Ist-Vergleich zu konfrontieren, ist sinnvoll fürs Überleben und für die körperliche Integrität. Aber das eigentliche Leben, das sind Kompositionen, abgelauscht unseren gemeinsamen Wünschen und Träumen.

Lustvolles Träumen

Von Leonardo da Vinci wird erzählt, dass er seine Mona Lisa über viele Jahre bei sich trug, und sie so zu seiner Reisebegleiterin wurde. Ähnliches erzählt auch Friedrich Nietzsche, für ihn war sein Zarathustra wie ein eigener Sohn, der Stern, den er gebar, um sich seiner ganz ihm eigenen Schöpferkraft zu versichern:

> *Von meinem Zarathustra glaube ich ungefähr, dass es das tiefste Werk ist, das in deutscher Sprache existiert, auch das sprachlich vollkommenste. … Ich bilde mir ein, dass meine Bücher durch Reichtum psychologischer Erfahrungen, durch Unerschrockenheit vor dem Gefährlichsten, durch eine erhabene Freimütigkeit ersten Ranges sind. (Brief vom 21. Juni 1888)*

Da wollen dir doch gleichmal einen wertvollen Schatz aus diesem Zarathustra lichten, um seinen Reichtum angemessen zu genießen: das Mitternachtslied beendet sein dreiteiligen Werk; und als Nietzsche sich entschied, noch einen vierten Teil hinzuzufügen, steht auch dieses wiederum am Ende; hier nennt es Zarathustra seinen Rundgesang, denn es ist Teil der ewigen Wiederkehr von allem, was Leben ausmacht:

Oh Mensch! Gib Acht!
Was spricht die tiefe Mitternacht?
„Ich schlief, ich schlief-,
„Aus tiefem Traum bin ich erwacht:-
„Die Welt ist tief,
„Und tiefer als der Tag gedacht.
„Tief ist ihr Weh-,
„Lust, tiefer noch als Herzeleid:
„Weh spricht: Vergeh!
„Doch alle Lust will Ewigkeit-,
„-will tiefe, tiefe Ewigkeit!

(Also sprach Zarathustra S. 286 u. 404)

Die ersten zwei Zeilen lassen aufhorchen, - lebenserhellende Einsichten kommen nicht vom aufklärenden Licht des Tages, aus der Klarheit des Verstandes, sondern aus den Tiefen der Mitternacht, die sich dem Menschen nur im Traum erschließen, dann, wenn sein Ich schläft und schläft. Und aufgewacht, erzählt uns der Träumer, worauf achtzugeben ist:

1. Aufgepasst: Die Welt ist tiefer als unser Tagesbewusstsein vermutet.

2. Bestätigt wird die Erfahrung, dass in der Welt viel Weh, viel Leiden und Schmerz, ist.

3. Dann der überraschend zutreffende Vermerk, dass die Lust alles Herzeleid übersteigt, denn die Lust bringt das Weh zum Sprechen (s. den zweifachen Doppelpunkt) und sein Imperativ ist klar: alles Herzeleid soll vergehen.

4. Denn nur eines trägt die Kraft auf ewig sich wiederholendes Wollen in sich: die Lust.

Und tatsächlich gehört die nächtlich erträumte Lust zu den beglückendsten Erfahrungen menschlichen Daseins. Das schlafende Ich in seiner Passivität kann gar nicht anders, als sich von der Fülle der im Traum gekosteten Lust über und über beschenkt zu fühlen, – so unverdient, so berauschend, so zeitlos!

Die Lust trägt in sich die Kraft, das Weh auf seinen innere Bestimmung zu verweisen: wo immer auch Leiden erlebt und erlitten wird, da trägt es auch schon in sich die Aufforderung zu seiner Beendigung.

Nietzsche hat mit seinem Mitternachtslied zwei anthropologische Konstanten in poetisch vollendeter Form seinen Lesern vorgestellt:

- Das Leiden trägt in sich die Kraft zur Beendigung
- Die Lust trägt in sich die Kraft zur Unendlichkeit

und dies mit weitreichenden Konsequenzen:

Aber meine Wahrheit ist furchtbar: denn man hieß bisher die Lüge Wahrheit. Umwertung aller Werte, das ist meine Formel für einen Akt höchster Selbstbesinnung der Menschheit. (Brief Anfang Dezember 1888 an Kaiser Wilhelm II.)

Denn mit dieser Selbstbesinnung trifft Nietzsche das Christentum ins Mark. Da genau das der christliche Glaube für sich beansprucht: menschliches Leiden durch göttliches Handeln (der Erlöser-Tod Jesu) besiegt zu haben. Dagegen stellt Nietzsche die frohe Botschaft des vom Traum erwachten Menschen: nicht Gott, sondern das Weh selbst findet seine Erlösung in der ihm gemäßen Vergänglichkeit, in der natürlichen menschlichen Fähigkeit, vergessen zu können. Wer sich aber dem Vergessen widersetzt, der landet bei mir, dem Psychotherapeuten.

Es ließe sich auch nochmals so formulieren: das Christentum hilft in allen Notlagen des Lebens, mit den damit einhergehenden Ängsten und Schuldgefühlen zurechtzukommen. Die Notlage selbst bleibt davon unberührt. Und wen keine Ängste plagen, für den erübrigt sich auch diese Art von Hilfe.

Dazu nochmals Nietzsche: Geängstigten zu helfen, lässt sich nicht trennen von dem gleichen Vorgang, mittels dieser Hilfsbereitschaft zu ängstigen. Für klug beobachtende Eltern ein Alltagsphänomen; für eine ganze Gesellschaf ein probates Mittel, ihre Bürger zu infantilisieren und dann mit geeigneten Machtmitteln zu instrumentalisieren. Trotz (?) Jahrhunderte währender christlicher Tradition wächst in unseren Tagen die Schar der Angsthasen zu einer rechtslastig demokratie-ignoranten Masse heran.

Von uns allen werden am liebsten die frechen Kerle und Mädels begehrt, aber wenn wir sie haben, sollen sie lieb sein, damit uns nicht die Angst übermannt, sie zu verlieren.

Das kommt es zum traurigen Ende noch vor dem Ende. Und nur der kann diesem entgehen, der dem Leben seinen Lauf lässt. Verlust, Unglück, Pech und Pleiten, all das sind Ereignisse, vor denen wir uns nur ehrfürchtig verbeugen sollten, wann und wie immer sie in unser Leben einbrechen. Sie aber verhindern zu wollen, wird zum Unglück vor dem Unglück, wird ein miserables Leben, ein miserables Leben. Und fast niemand erhebt Einwände, Sigmund Freud würde hierzu sagen, *Kollektive Zwangsneurose.*

Sommer 2024

Ein gelbes Geschoss, mal schnell über 50 km/h, rast direkt auf mich zu. Wie werde ich diese Bedrohung abwenden können? Gedankenlos dreht sich mein Körper zur Seite, schafft Raum. Der rechte Arm holt tief aus. Das Transformationssystem läuft ab: tiefe Knie, freies Spiel der rechten Seite, Beschleunigung setzt ein, Schulter, Arm, Rumpf-Rotation, Hüft-Streckung, Handgelenk, mittige Kontakt-Explosion und der Arm schwingt nach oben aus, das Ticken der Uhr am Ohr. Das Geschoss musste seine Richtung komplett drehen und fliegt nun über das Netz davon, – Transformation gelungen, Energie gedreht, Gefahr gebannt, Punkt gemacht.

Transformations-Logik ist Kinder-Logik:

Wer hat Angst vorm schwarzen Mann?
Niemand!
Und wenn er kommt?
Dann laufen wir davon!

Für ein Kind offensichtlich, Leben ist Transformation, Jahr für Jahr ist es ein andrer Mensch, sogar Monat für Monat. Ausgewachsen wäre es dann nicht mehr die Körpergröße, dafür die Seelengröße, es sei denn, da hat sich unmerklich etwas arretiert.

Wenn dann auf so jemand Arretiertes ein Geschoss zuflöge, bliebe er wie angewurzelt stehen, in seinem Kopf Gedanken über ungerechtfertigte Aggression, Bosheiten, aber auch Vorwürfe wären zu erheben, Ursachen-Forschung zu betreiben, einen Schuldigen ausfindig zu machen, Rechenschaft einzufordern. Doch herrjeh, die andere Seite, stellt euch vor, die streitet alles ab, verkehrt alles ins Gegenteil, welch eine Ungeheuerlichkeit! – und die Lösungssuche lässt das erfundene Problem mit jedem weiteren Schritt größer werden, Zuflüsterer kommen hinzu, machen Mut, *Lass es dir nicht gefallen!, Konfrontiere den Aggressor mit deiner Empörung! Wende dich an einen Mobbing-Beauftragen!*

Erwachsene, dermaßen arretiert, geben sich jetzt ganz tapfer. Das Kind aber steht am Rande, zuckt mit den Schulter, *wie kindisch das alles! Und mal wieder so viel schlechte Laune bei den Schwer-Kopf-Affen! Einfach Schade, so viel Zeitverschwendung!*

Auch ein Erwachsener kann da mal ins Nachdenken kommen, ein Moment lang, bis die Counter-Irritation ihre Wirkung entfaltet. Und er zündet sich eine Zigarette an. Als er sich als Jugendlicher zum ersten Mal ein paar Zigaretten anzündete, war da nur eine Körper-Reaktion, ein heftiges Beißen, ein unangenehmes Hitzegefühl im ganzen Halsbereich und ein elementares Bedürfnis, die Störung einfach wegzuhusten.

Doch sollte es ihm gelingen, diese Phase, wiederum tapfer, durchzuhalten, dann ist der vielleicht noch junge Mensch in der Wunderwelt der erwachsenen Transformation. Diese geht so vonstatten: Alle Nervenstränge im Halsbereich, und derer sind viele, bekommen den Auftrag, alles, was Stress macht, was ärgerlich ist, was an Frustrationen sich angestaut hat, zu bündeln für den heißen weißen Rauch, der all das, was der Erwachsene dann zusammengefasst seinen Stress nennt, durch die jetzt einsetzende Counter-Irritation auflöst wie eine fein abgestimmte Interferenz ähnlich wie bei diesem Fall: schreit der eine den anderen an, schreit dieser zurück und beide sind wieder gleichlaut.

Außer Counter-Irritation gibt es noch eine weitere missglückte Schein-Transformation: die Gegen-Aggressivität. Auch diese hat ihre Heimat in der Erwachsenenwelt. Sie entfaltet sich im Vorfeld einer zu befürchtenden Kritik, lautet in einer klassischen Formulierung etwa so: ›*Ich weiß gar nicht, was du hast, du bist schon die ganze Zeit so komisch drauf, als hätte dir irgendjemand was getan. Ich kann das nur noch schwer aushalten*‹ Der Angesprochene kann sich dann nur noch verdutz ob des Gesagten ans Ohr fassen, gerät unversehens in einen mürrischen Blick, was dem anderen wiederum die beste Bestätigung seiner Vermutung ist. *Wehret den Anfängen!* scheint da alles auf den Punkt zu bringen. Und der Kindermund? Der kommentiert auch dies treffend: *Schöne Bescherung!*

Dieser launige Beitrag wurde gefördert durch die Strahlkraft eines Mister Grant VanderHayden auf YouTube.

Mein Wille – meine Bürde

Reden wir nicht drum herum, lassen wir den Körper sprechen: *wann immer irgendein Wille sich im Kopf festsetzt, habe ich es zu büßen. Mein Kiefer gerät unter Spannung bis in den Nachtschlaf hinein; meine Schultern hebelt's nach oben; mein Nacken bekommt die Härte eines Stieres, meine Augen fangen das Starren an; meine Stirn gerät in Falten, meine Stimme wird zusammengepresst; meine Atmung verflacht; der Nachtschlaf mir entrissen, – denn es geht ja um alles, um des Willens sein Himmel.*

Da wird jede Physiotherapie zur Sisyphos-Arbeit, jede Einsicht verläuft im Sand, alles Spielerische ins Muss. Der Erwachsene ist mal wieder arretiert. Und das Kind? – Wer weiß es noch? Richtig, dessen Wille macht es noch richtig, er stampft mit den Füssen auf den Boden, einmal, zweimal, dreimal. Des Kindes Willen ist noch geerdet. Die Wucht ist da, sie schießt aus seinem Körper heraus und belagert diesen nicht wie eine sich verhärtende Bürde.

Die Berechenbarkeit des Unwahrscheinlichen

Das Unwahrscheinliche berechenbar machen, ist die eigentliche Domäne von Religion. Dafür braucht sie nicht einmal einen Taschenspielertrick. Es reicht die post festum Erzählung, also die, die nach dem Ereignis dieses vorauszusagen vermag.

Die Bibelwissenschaft hat diese Art von Weisheit in vielen Einzelfällen aufgedeckt: so hatten die Israeliten auf ihrem Weg in ihr gelobtes Land Sodom und Gomorra als durch Naturkatastrophen bereits zerstörte Städte angetroffen, um dann die uns alle bekannte Story darum zu spinnen; ähnliches lässt sich über die Sintflut rekonstruieren, oder über das Ende der Stadt Jericho. Religiöse Verfasser setzen darauf, dass ihre Erzählungen über die Zeit hinweg die Patina des Authentischen erhalten, um auf diese Weise das Wirken ihres Gottes anpreisen zu können.

Dieses Jahr erinnert uns an den 100. Todestag von Franz Kafka. Auf unnachahmliche Weise hat er dieses Religions-Prinzip in ein fulminantes Bild gekleidet:

> *Leoparden brechen in den Tempel ein und saufen die Opferkrüge leer; das wiederholt sich immer wieder; schließlich kann man es berechnen; und es wird ein Teil der Zeremonie. (Zürauer Aphorismen Nr. 20)*

Präzise demonstriert – der post festum Charakter religiöser Errungenschaften. Religion ist, wenn man dem Unwahrscheinlichen einen Platz einzuräumen weiß, selbst das Schicksal seine Einordnung erfährt, und die Seele ihre Ruhe. – Gott sei Dank!

Launenhaft

Kinder sind oft sehr launisch. Das hat viele Vorteile. Nachteilig wird es nur, wenn sich deswegen Erwachsene zu erzieherischen Maßnahmen verleiten lassen. Dann ist auf beiden Seiten Frust angesagt. Um so wichtiger, an die Vorteile zu erinnern.

Launen sind ein Schwebezustand, statt klarer Gedanken ein Summen im Kopf, statt klare Richtung ein hin und her Hüpfen, statt Entschiedenheit Gleichgültigkeit, gezieltes Fragen verfinge sich in einem Achselzucken. Der Spielraum ist weit, die Präsenz diffus. Kluge Erwachsene kämen bei diesen Sätzen auf die Idee, Launen kämen einem Flow sehr ähnlich. Das wäre schon einmal ein guter Brückenschlag über die Fronten hinweg, oder gar eine Einladung, selbst mehr ins Launische zu gehen. Dann nähme die Unklarheit deutlich zu, keiner wüsste mehr genau, was Sache ist.

Jetzt kommt es darauf an, in diesem Zustand weiter zu atmen, damit er nicht kippt ins Resignative: alles egal, alles Mist, alles Banane. Denn mit dem Weiterfließen des Atmens folgt der Körper weiter seinen rhythmischen Bewegungen und diese öffnen den Zugang zu unbewussten Fantasie-Gebilden. Sie strömen ins Bewusstsein ein und verlangen nach Sprache. *Wir könnten doch…; wie wäre es, wenn wir; was hältst du von dieser Idee.* Auffallend ist zugleich, dass aus dem Unbewussten eher Wir-Einladungen aufsteigen als Ego-Aktionen, eher unausgegorene Facetten, als fertige Produkte, so dass die Sache erst reift durch die Aha-Fantasien der Mit-Launigen. Ein Bann entsteht, verbindet alle Beteiligten zu einer ungewissen Fahrt ins Blaue. Entscheidend ist dieses Moment: das allein ist jetzt unser Ding, von niemandem aufgeschwätzt, frei erfunden.

Siris Goodbye

Die Apple Watch begleitet meine sportlichen Aktivitäten.

Das tut gut und hilft, sich treu zu bleiben. Alle Veränderungen teilt mir Siri über In-Ears mit: *Training angehalten, - Split Pace: acht Minuten und zwölf Sekunden.* So werde ich in meinem Training gehalten, und all meine weiteren Gedanken können während des Joggens wie lose Blätter mit mir dahinfliegen.

Einen davon habe ich aufgeschnappt:
Von all meinen Lieben verabschiedet, kommt mein letzter Atemzug, und in dessen Nachklang höre ich aus weiter Ferne nochmals Siris sanft beruhigende Stimme: *Leben angehalten.* – Wäre es mir noch möglich, ich würde hierauf ein letztes Mal zustimmend nicken.

Non cave: Ab dem siebzigsten Lebensjahr zu sterben, ist etwas ziemlich Banales. Dabei sollte man es auch belassen.

Verstummte Präsenz

Damals zu Narziss Zeiten war es das klare Wasser, das ihm den Spiegel zur Selbstbetrachtung vorhielt. Heutzutage hält der Mensch sein Smartphone vors Gesicht, um sehen zu können, was ihn gerade bewegt, zu ihm spricht und ihn begleitet, wohin er auch geht.

Diese neue Art des Aufgehoben Seins in Raum und Zeit, lässt die Menschen um ihn herum verschwimmen, und diese sind dann nichts anderes mehr als Pfähle, an denen es vorbeizukommen gilt ohne anzustoßen, ob zu Fuß oder mit dem Rad oder sonst wie.

Und Begrüßungen? – Siehe Smartphone!

Vergessen vergessen

...um zu erinnern?

Da hat unsere Leitkultur einiges aufzuweisen mit je unterschiedlicher Akzentuierung:

- Den Zweiten Weltkrieg, um die Nazi-Gräuel-Taten nicht vergessen zu machen.
- Den Ersten Weltkrieg, indem in jedem Dorf an einem Kriegerdenkmal dessen Opfer, die Gefallenen, namentlich aufgelistet sind.
- Und der Siebenjährige Krieg von 1756 bis 1763 unter Beteiligung aller Großmächte mit Kämpfen in ganz Europa, aber auch auf Übersee mit seinen Kolonien? - Nein, der darf vergessen werden, sonst käme man ja auch an gar kein Vergessens-Ende mehr.
- Das letzte Abendmahl des Jesus von Nazareth mit der expliziten, liturgisch gewordenen Ansprache: *„Tut dies zu meinem Gedächtnis."* Hier soll also nicht vergessen werden, was dieser Mann alles gegenüber Gott für uns alle getan hat. Deshalb nennen sich alle, die das nicht vergessen wollen, Christen.
- Das Einzelschicksal eines Menschen, der wegen Krankheit oder Unglück zu früh sterben musste, das wollen all seine Verwandten nicht vergessen, und erinnern zumindest an seinem Todestag sich gemeinsam daran.
- Das Verlassenwerden durch einen Partner; auch diese Schmach nicht zu vergessen, erheben manche Individuen einen lebenslangen Anspruch.
- Eine schlimme Kränkung durch einen Menschen aus der Arbeit oder Nachbarschaft; auch diese wird von manchen

Menschen gehütet als wäre es ein Fabergé-Ei; und auch keine Gelegenheit ausgelassen, das ganze Drumherum in ein schönes Narrativ zu kleiden.

- Eine ungewöhnlich bedrohende Situation, aus der man dennoch unbeschadet davonkam, aber dennoch, auch diese sollte niemals wieder vergessen werden; der Stoff, aus dem sich Phobien bilden. Diese psychischen Eigenart lässt sich sogar verallgemeinern. Neurosen sind für das Individuum wie ein Anrecht auf Nicht-Vergessen in einer unklärbaren Mischung von Gewollt/Nicht-Gewollt. (Cave: eine eindeutige Erkrankung des Nicht-Vergessen-Könnens entspringt einem traumatisierenden Erlebnis)

Die Neigung, all die hier aufgelisteten negative Erlebnisse nicht zu vergessen, bleibt erst einmal unverständlich angesichts der simplen Tatsache, dass Nicht-Vergessen heißt, sich weiter damit belasten. Ich würde niemals Menschen darüber in eine Enge treiben wollen, aus der heraus sie schlussendlich sagen würden, sie tun es eben aus Liebe. Und wer möchte daran rütteln?

Ein Plädoyer für das Vergessen fand ich in dem Roman von Javier Marías ›So fängt das Schlimme an‹ aus dem Jahr 2014. Der Titel ist Shakespeare's Macbeth entnommen ‹*Thus bad begins, and worse remains behind*›. In dem Roman geht es darum, dass während des Franco-Regimes gerade Frauen sich von Ärzten zum Sex nötigen ließen, um deren Hilfe ‚bezahlen' zu können. Wie damit im weiteren Leben zurechtkommen? Und wie als Paar weiter zusammenleben, wenn es eine Geschichte gibt, die nie hätte erzählt werden dürfe, da diese das Vergessen allzu heftig untergräbt.

Herbst 2024

Weltoffenheit

Dies soll der Titel meines Buches zur Erziehung sein. Denn Weltoffenheit ist die alles entscheidende Größe im Leben eines Menschen, und muss deswegen von Kindes Beinen an ihre tausendfachen Inszenierungen finden und bekommen.

Was ist Weltoffenheit?
Eine Tür sehen, anklopfen, eintreten, `hallo sagen!` (wie damals der kleine Felix) und ein kleines Gespräch beginnen. Selbst wenn es schnell wieder aufhört: »Oh, ich glaube, ich störe, darf ich ein andermal vorbeischauen?«, war es sein Gold wert.

Am 27.09.2024 wird ein Interview in der Süddeutschen Zeitung abgedruckt mit dem Soziologen Michael Hartmann über Eliteforschung unter dem Titel ›Die Leistungsgesellschaft ist eine Lüge‹. Darin widerlegt Herr Hartmann das Credo ‚Wer in Deutschland hart arbeitet, kann aufsteigen', indem er klarstellt, dass nur zwei Parameter entscheidend sind: Körpergröße und eine Art von Lockerheit und Nonchalance, wie sie bei reichen Leuten üblich ist. Hartmann: »Wenn Sie locker sind, reden Sie über alles« Und Reiche wissen, wie Macht funktioniert und verfügen über ein Sicherheitsnetz: »Wenn dieser Job nicht klappt, dann mach ich eben einen anderen; diese Leichtigkeit können Sie nur empfinden, wenn Sie aus Verhältnissen kommen, die Sie auffangen.«

Ich meine, der Soziologe Hartmann beschreibt hier sehr gut, was Weltoffenheit ermöglicht, und er hat recht, wenn er über seine Studien herausgefunden hat, dass diese bei reichen Leuten stärker ausgeprägt ist. Der entscheidende Grund hierfür ist aber nur indirekt das viele Geld, direkt ist es das Phänomen, sich nicht zu genieren, eben an jede Tür anzuklopfen, die mir in den Blick fällt, auf jeden Menschen zuzugehen, der mir hoch attraktiv vorkommt (und höchstwahrscheinlich deswegen auch reich ist) und die Courage besitzen, mit ihm ein Gespräch anzufangen, und dies eben nicht hoch angespannt akademisch, sondern eben nonchalant und im weiteren Verlauf – da ohne Anspannung – mit Spontan-Witz. Und diese Fähigkeit kann ich von frühauf zusammen mit meinen Kindern trainieren. So formuliert besagt dies: ich lasse mir von der spontanen Impulsivität und natürlichen, noch nicht unterdrückten Neugierde meiner Kinder helfen, meine eigene Erwachsen-Beklommenheit abzulegen und spontan anzuklopfen: »Uns ist gerade dieses außergewöhnliche Türschild mit den Regenbogenfarben aufgefallen, und da haben wir uns gefragt, wer wohl dahinter wohnt? Und jetzt haben wir Sie getroffen und würden gerne für ein paar Minuten hereinkommen. Meinen Sie, ihre Zeit erlaubt das?«

Das zu können, dafür braucht es keinen materiellen Reichtum, sondern nur die Unschuld des Kindes. Unschuld meint, ›nun, da ich ganz zufällig und unerwartet in diese Welt hineingekommen bin, möchte ich mich mal umschauen, wer außer mir noch so da ist, und wie er gerade so sein Ding macht‹.

Weltoffenheit meint, diese Grundparameter des Daseins zu intonieren, und all den Scheiß, wie wann was man so machen soll, oder gerade auch nicht, einfach weit weitgehend zu ignorieren, denn all das schafft Beklemmungen, die am meisten an denen haften bleiben, die sich auch noch das nötige Ressentiment dafür antrainiert haben: ›Bitte, lieber Felix, ja nicht auffallen; oder willst du wirklich, dass sich dein Vater wegen dir auch noch schämen muss?‹ – die Geburtsurkunde des Kleinbürgertums, das von sich sagt: ›Nur gut, dass wir uns wenigstens zuhause trauen, ein wenig herumzugoschen, in dieser Art der Weltverrammelung sind wir zuhause‹.

Dann mal Gute Nacht! Allerseits.

Nur mit dieser Verdopplung kann ich sicher sein, dass mein Wollen aus meinem Inneren kommt und nicht Teil eines manipulierten Ichs; ein Ich, das eben gerade das will, was vor ein paar Stunden mit schönen Werbungsbildern ihm vorgegaukelt wurde, oder das will, was von einem idealisiert aufgeblähten Gewissensapparat gerade angemahnt wird. In der Summe klingt das dann so: ›Kauf dir jetzt schnell noch diese günstigteuren Laufschuhe und sprinte dann los!‹ Das erste gelingt uns meist noch, das zweite bekommt rasch Aussetzer. Das Wollen erscheint uns wie blockiert. Was machen? Innerer Stress kommt auf, eine Krise stellt sich ein, das gute Wollen droht mal wieder zu scheitern.

Jetzt wäre eine gute Möglichkeit, ungut auf sich zu reagieren, oder aber gut über die Kunst des Wollens nachzudenken, den Weg, den ein konkretes Wollen gegangen ist, nachzuempfinden. Das hat schon Sigmund Freud getan, als er über das dem Wollen zugrundeliegende Wünschen schrieb, »Der Traum ist die Erfüllung eines unterdrückten Wunsches«.

Und schon wieder ist es das Gewissen, das einen ureigenen Wunsch unterbindet. Seltsamerweise ist es viel weniger kritisch gegenüber den über Werbung zugeflüsterten Wünschen. Warum nur? Einfach, weil diese ja kulturell abgesegnet sind; die darf man wollen.

Deswegen sollten wir auf unsere Träume achten. Sie sind ein Königsweg zu unseren originären Wünsche-Wollen. Gewolltes Wollen ist ein Wollen, das aus unserer eigenen Mitte entspringt und meine Intuition braucht, um erraten zu werden, mein dem eigenen Körper Lauschen.

»Wer mit Ungeheuern kämpft, mag zusehn, dass er nicht dabei zum Ungeheuer wird. Und wenn du lange in einen Abgrund blickst, blickt der Abgrund auch in dich hinein« (JGB IV 146

Lorem sine KI-psum

Lorem sine Kipsum dolor sit amet, consetetur sadipscing elitr, sed diam nonumy eirmod tempor invidunt ut labore et dolore magna Das aliquyam erat, sed diam voluptua. At vero eos et accusam et justo duo dolores et ea rebum. Stet clita kasd gubergren, Geheimnis no sea takimata sanctus est Lorem ipsum dolor sit amet. Lorem des Lebens ipsum dolor sit amet, conse Meine KI tetur sadipscing elitr, ist leben! sed diam nonumy eirmod tempor invidunt ut labore et dolore magna aliquyam erat, sed diam voluptua. At wo vero eos et accusam et justo duo dolores et und ich ea rebum. Stet bist clita kasd gubergren, no sea takimata sanctus est Lorem ipsum dolor sit amet. Lorem ipsum dolor sit du amet, consetetur sadipscing elitr, sed diam nonumy eirmod tempor invidunt ut labore denn?et dolore magna spielen Versteckus aliquyam erat, sed diam voluptua. At vero eos et accusam et findet justo duo dolores et ea rebum. Stet clita kasd gubergren, no sea mich takimata sanctus nicht HaHaest Lorem ipsum dolor sit amet.

Duis autem vel eum iriure dolor in hendrerit in vulputate velit esse molestie consequat, vel illum dolore eu feugiat nulla facilisis at vero eros et und ich bin accumsan et iusto odio dignissim qui blandit praesent luptatum zzril delenit augue duis dolore te feugait nulla facilisi. ÄTSCH,Lorem mal gespannt ipsum dolor sit amet, consectetuer adipiscing elit, sed diam nonummy nibh euismod tincidunt ut laoreet dolore magna aliquam erat volutpat.

Das Bild erschafft das Original

Damals, zu meiner Zeit, war es die Heilige Kuh des Selbstwertgefühls, ein Individuum zu sein, unvergleichlich, unverbrüchlich mit dem Recht auf bedingungslose Anerkennung. Akzeptiert werden, so wie man ist, war conditio sine qua non für den Anfang von allem, eine Beziehung, eine Freundschaft, ein Bündnis; und die einzigen, die diesen Schwur verfehlten, waren die Eltern, und denen konnte man es verzeihen, sie waren die Gestrigen, die konnten nicht anders. Das war letztlich gut so, sorgte für klare Abgrenzung zwischen richtig und falsch. Jede Lektüre unterlag dieser Zensur und deren Interpretationsanweisung. Erst recht, wenn es um das Hoheitsgebiet von Lieben ging, wie in dieser Keuner-Geschichte von Bert Brecht.

> »Was tun Sie«, wurde Herr K. gefragt, »wenn Sie einen Menschen lieben?« »Ich mache einen Entwurf von ihm«, sagte Herr K., »und sorge, dass er ihm ähnlich wird.« »Wer? Der Entwurf« »Nein«, sagte Herr K., »Der Mensch.«

Mich verbiegen (lassen) von einem Entwurf, einer Vorstellung, einem Bild, wie ich zu sein habe oder sein könnte, das war die Todsünde eines jeden Miteinanders, die Hölle der (Selbst-)Entfremdung.

Dann kam der Sommer 1991, und die Entdeckung der Spiegelneuronen durch Vittorio Gallese. Diese Spiegelneuronen in meinem Hirn sorgen dafür, dass ich dem Entwurf eines anderen ähnlich werde. Ich äffe nach, mache mich zum Affen, indem ich ganz genau abschaue, wie gekonnt mein Gegenüber seine Suppe auszulöffeln versteht – wie bitter, wie wahr und wie klar wissenschaftlich bewiesen.

Ein neues Zeitalter der Selbstbetrachtung begann. Wer etwas aus sich machen möchte, sprich sich selbstverwirklichen, der braucht geeignete (Vor-)Bilder gerade da, wo zuvor das Ich-Sein das sagen hatte. Denn dieses Ich war auf einmal selbst das Diskreditierte, verstrickt in angstauslösendem Erwartungsdruck und bedrohlicher Selbstüberschätzung, also kurz vor seinem Absturz ins Peinliche, gar Bemitleidenswerte.

Wer da der Psychotherapie entgehen wollte, brauchte einen guten Coach, eben einen Herrn Keuner, der den richtigen Entwurf meiner selbst in mein Unterbewusstsein einzuspielen verstand. In der Sprache eines Coach war das nicht mehr Freuds Unbewusstes mit all dem angst-verdrängten Scheiß meiner Kindheit, sondern das wahre Open Minded.

Wir wollen der europäischen Kultur viel Respekt zollen für das, was sie den Menschen an Lebensqualität geschenkt hat, und nicht ohne Grund drängt Afrika nach Europa und nicht umgekehrt, – die Raubzüge des Kolonialismus mal außen vorgelassen.

Doch für einen Lebensbereich kommen Zweifel auf. Die Einschätzung und Würdigung der letzten Dinge, der Umgang mit dem Endgültigen und Schicksalhaften wird von unserer Kultur so sehr ins Irrationale überdehnt und dramatisiert, dass die rationale Begründung, welcher Gewinn an Lebensqualität für die Lebenden (wem sonst?) damit geschaffen sein soll, anscheinend ignoriert werden darf. Schade! Es wirkt so, als ob hier bis zum heutigen Tag der seit Jahrhunderten wirksame Säkularismus sich an einem letzten religiösen Bollwerk festgebissen hätte.

Machen wir mal die Probe aufs Exempel und schauen, wie gut meine andersartigen Vorschläge für den Umgang mit den letzten Dingen einer menschlichen Existenz beim Leser ankommen.

Fall 1 Das unerträglich-grausame Leiden

Der Einzige, der damit vorbildlich umgehen kann, ist 007, James Bond. In jedem seiner Filme kommt es zu solch einer herzeinschnürenden Szene an grausamer Gewalt; aber diese dauert keine fünf Minuten, und James hat die gequälte Natur erlöst, ein unbeschadetes Weiterleben zurückerobert. Respekt vor so viel effizienter Ökonomie!

Der gewöhnlich Sterbende erreicht diese auch, wenn es um die kleinen Leiden geht, die eines Kindes, die eines verzagten oder gekränkt-verletzten Erwachsenen. Sein Mitgefühl tut hier wundersam gut, und es wäre fahrlässig inhuman, dieses zu verweigern. Auch hier ist die Ökonomie des Lebens eine Win-Win-Situation, eine Steigerung an Lebensqualität.

Aber was ist mit dem unlösbaren Leiden, mit dem Siechtum, mit dem Leben, das die moderne Medizin zwar aufrechterhalten kann, aber alles ohne Lebensqualität und ökonomisch nur realisierbar, wenn eine große Geldsumme zur Verfügung steht, um Menschen für diesen sinnlosen Job herumzubekommen, oder aber, dass sich Angehörige selbst in Geiselhaft begeben, ihr eigenes Leben mehr oder weniger aufgeben, um für diese eine große Not fast rund um die Uhr zu sorgen.

Wie lässt sich in diesen Fällen von Lebensqualität sprechen? Das bleibt meist ein Tabu, da unausgesprochen ethische Abstrakta in den Raum gestellt sind, denen niemand zu widersprechen wagt. Wobei die Gruppendynamik in Familien meist so abläuft: vielen gelingt rechtzeitig die perfekte Ausrede, diese Geiselhaft nicht eingehen zu können, und irgendeine (meist eine weibliche Person wie schon in der Bibel) hält mirnichts-dir-nichts den schwarzen Peter in der Hand, bis diese vor Selbstausbeutung sich selbst schon zum Grabe neigt.

Wem zwischenzeitlich das Wort ›Euthanasie‹ eingefallen ist, der sollte sich vergewissern, diese Vorstellung nur rückbezüglich auf sich selbst anzuwenden: wie kann ich Sorge tragen, und welche Vorbereitungen muss ich treffen, dass mir ein gutes Sterben gelingt? Dieses Nachdenken zollt beiden Respekt, mir und meinem Wunsch nach einem guten Ende, und meinen

Lieben, denen ich nicht zumuten will, sich womöglich jahrelang mit einem Halbtoten herumzuschlagen. Eine solch drastische Formulierung halte ich für angemessen.

Das Ganze hat einen hochethischen Anstrich, doch in seinem Innern, wie kann es anders sein, wütet Zynismus. Aus der hier eingenommenen Sicht sehr, sehr beschämend und das Gegenteil von human.

Fall 2 Der Tod im Alter

Es muss zugleich auf den Punkt gebracht werden: wie unsere Kultur mit dem altersbedingten Tod, der bitteschön spätestens ab dem siebzigsten Lebensjahr so zu benennen ist, umgeht, ist leider nur eines: lächerlich! Und unserem höchst infantilen Verhalten gegenüber der Natürlichkeit des Sterbens wird noch dadurch die Narrenkrone aufgesetzt, dass wir in unsere Hysterie, mit aller Irrsinsgewalt das Recht auf Sterben aussetzen zu wollen, auch noch auf unsere Haustiere, auf Katz und Hund, übertragen. Wie gnadenlos arrogant, wie erbärmlich rechthaberisch, wie bigott religiös, wie blind-ethisch vernarrt und wie zynisch die finale Rechnungslegung der Ärzteschaft!

Wenn eine sensibel-beobachtende Medizin zu berichten weiß, wie sehr der Beginn des Lebens, die Inszenierung der Geburt angeleitet ist vom Gespür des sich sein Menschsein gebenden Fötus, dann darf auch bedacht sein, dass der altersgeneigte Körper genauso weiß, wie sein Leben zu beenden, die letzte Abschalt-Automatik zu starten für den letzten Atemzug, vorausgesetzt diese wurde nicht durch manisches Herumdoktern demoliert.

Fall 3 Der Schicksalsschlag

Das was plötzlich und unerwartet tödlich endet, ein Sturz, ein Autounfall oder ein Hirntumor kann jedes Alter treffen, auch das Kindesalter. Deswegen hat schon 1914 der polnische Pädagoge Janusz Korczak das Recht des Kindes auf den eigenen Tod als obersten Leitsatz seiner Magna Carta des Kindes aufgeführt.

Wie grausam! Nein, wie klug. Denn das Leben vor dem Leben schützen zu wollen, bewirkt eine Dauerschleife an Lieblosigkeit und Lebensfeindlichkeit: du musst nur Eltern unterwegs zu ihren Kindern sprechen hören…

Und wenn dann doch das Unglaubliche eines Tages passiert, was dann? Vertraue darauf, dass du damit fertig wirst, dass du es über Jahr und Tag schaffst, es zu verarbeiten. Das zu wollen, das mit aller Kraft zu wollen, das mit schneller Zeit zu wollen, das ist ein Auftrag an deine Humanität, an deine Liebe zum Leben.

Und vergiss nicht: ein Leben, das ist immer nur sehr kurz…